KB187753

먹는 경제학

먹는 경제학

초판 1쇄 발행 | 2023년 11월 5일
초판 2쇄 발행 | 2023년 11월 10일

지은이 | 시모카와 사토루
옮긴이 | 박찬
발행인 | 안유석
책임편집 | 고병찬
편집자 | 하나래
디자이너 | 김민지
펴낸곳 | 처음북스
출판등록 | 2011년 1월 12일 제2011-000009호
주소 | 서울특별시 강남구 강남대로364 미왕빌딩 17층
전화 | 070-7018-8812
팩스 | 02-6280-3032
이메일 | cheombooks@cheom.net
홈페이지 | www.cheombooks.net
인스타그램 | @cheombooks
페이스북 | www.facebook.com/cheombooks
ISBN | 979-11-7022-269-9 03320

음식 속에 숨은 경제 이야기

먹는 경제학

시모카와 사토루 지음 | 박찬 옮김

처음북스

《먹는 경제학》이라니, 도대체 무슨 내용일까?

안녕하세요. 시모카와 사토루입니다. 먼저 이 책을 선택해 주셔서 감사합니다. 《먹는 경제학》이라는 제목을 보면 어떤 내용인지 궁금하실 거라고 생각합니다. 제목의 의미는 본문에서 더 자세히 다루겠지만, 간단히 말하자면 '먹다(食べる)'와 '경제학' 사이의 깊은 연관성에 대한 내용입니다.

여러분의 일상에서 '먹다'는 지구 전체와 연결되어 있습니다. 그 연결 구조를 이해하려면 경제학이 필요합니다. 지구 전체를 생각하면 복잡하게 느껴질 수 있습니다. 인구 증가, 빈곤, 격차, 도시화, 기후변화, '국가 지속가능발전 목표(Sustainable Development

Goals, SDGs)' 등의 주제가 연상됩니다. 여러분의 식사 행위는 이러한 큰 주제와 밀접하게 관련되어 있습니다. 그렇습니다, 거짓말이 아닙니다. 책 표지에서 소가 하는 이야기도 결코 과장되지 않은 진실입니다.

어제 저는 일본 15개 지역과 해외 8개국의 식재료로 구성된 평범한 식사를 했습니다. 아침에는 달걀 프라이, 샐러드, 사과, 커피를 먹었고, 점심에는 생선구이 정식, 간식으로 바나나, 저녁에는 요세나베(寄せ鍋)[1] 그리고 식후에 귤을 먹었습니다.

식재료의 주요 산지를 살펴보면 니가타현산 쌀, 이바라기현산 달걀, 후쿠시마현산 토마토, 군마현산 오이, 시즈오카현산 양상추, 아오모리현산 사과, 에티오피아산 커피, 멕시코산 소금, 노르웨이산 고등어, 오만산 녹두, 파라과이산 깨, 지바현산 당근, 홋카이도산 양파, 이와테현산 미역, 필리핀산 바나나, 사가현산 닭고기, 미국산 은대구, 인도산 새우, 이바라기현산 배추, 사이타마현산 대파, 도치기현산 쑥갓, 나가노현산 팽이버섯, 도쿠시마현산 표고버섯, 와카야마현산 귤 등입니다. 이것은 단지 하루치 식재료에 불과합니다. 만약 일주일이나 일 년 동안 먹은 식재료를 모두 고려한다면, 더 많은 산지의 식품을 먹게 될 것입니다.

...

1 **역자 주**: 일본식 전골 요리다.

이렇게 말하는 이유는 우리가 평상시 먹는 음식이 세계 각지에서 생산된 것들로 이루어져 있다는 것을 알려 주고 싶었기 때문입니다.

이번에는 규동(牛丼)[2]을 만들 때 필요한 재료를 살펴보겠습니다. 규동 한 그릇을 만드는 데에는 '소고기 100g, 양파 70g, 쌀 250g, 간장 10cc, 설탕 1작은술'이 필요합니다. 그 외에도 '옥수수 1.1kg, 물 560L, 1m² 이상의 경작지'가 필요합니다.

누군가는 규동에 옥수수가 없고, 그렇게 많은 물이 필요하지 않을 거라고 생각할 수 있습니다. 실제로, 규동에는 옥수수가 보이지 않으며, 밥을 짓거나 고기를 조리할 때 그만큼의 물을 사용하지 않습니다. 하지만 여기서 말하는 재료는, 직접적 사용이 아닌 간접적인 사용을 의미합니다.

소를 키우기 위해서는 옥수수와 같은 사료와 물이 필요하며, 쌀이나 양파 그리고 사료 작물을 재배하기 위해서도 물과 토지가 필요합니다. 따라서 '옥수수 1.1kg, 물 560L, 경작지 1m²'의 자원들이 '소고기 100g, 양파 70g, 쌀 250g'으로 변형되어 우리의 식탁에서 간접적으로 소비됩니다.

만약 소고기 라벨에 '국산'이라는 표시가 있다면, 그것은 그 소가 국내에서 자랐다는 의미입니다. 하지만 사료로 사용되는 옥수수

…

2 역자 주: 소고기, 가쓰오부시, 양파, 파 등으로 만드는 일본식 소고기덮밥이다.

는 대부분 미국이나 브라질에서 오는 경우가 많습니다. 그래서 식재료의 직접적인 산지보다 더 광범위한 지역과 자원이 우리의 식사와 연결되어 있습니다.

결국, 우리의 일상적인 식사는 전 세계의 토지와 물 그리고 그것들의 자연 자원과 연결되어 있습니다. 더불어 식품 생산에 필요한 자연 자원은 수백 년이나 수천 년 동안 지속되기 때문에, 현재의 식사는 미래 세대의 식사와도 밀접한 관련이 있습니다.

와닿지 않는다고요? 이해합니다. 예전에는 저도 그랬습니다. 인간의 인지 능력에는 한계가 있어서, 복잡한 현실 세계를 전부 이해하긴 어렵습니다. 그 결과, 현실과 우리의 인지 사이에는 차이가 발생하게 됩니다.

예를 들면 '우리의 한 끼 식사가 지구 전체에 어떻게 큰 영향을 미칠까?'라는 의문을 가질 수 있습니다. 그럴 때, 대개는 자신이나 가족의 식사량만을 생각하게 됩니다. 하지만, 2021년을 기준으로 지구에는 약 79억 명의 사람들이 살고 있으며 이들은 매일 식사를 합니다. 한 사람이 하루에 소고기 10g을 섭취한다고 가정하면, 일 년 동안 약 2,884만 톤의 소고기가 소비됩니다. 이 많은 양의 소고기를 생산하기 위해서는 3억 1,719만 톤의 옥수수 같은 사료와 그 사료를 재배하기 위한 3천만ha(헥타르, 10,000m^2) 이상의 농지가 필요하게 됩니다. 생각만 해도 어마어마한 양입니다.

또한, '국제화된 식탁은 선진국의 현상이지 않을까?'라고 생각할 수 있습니다. 이는 '개발도상국은 농업 위주, 선진국은 공업 위주'라는 단순한 인식에서 비롯됩니다. 그러나 실제로는 많은 개발도상국들이 식량을 수입하며, 주요 식량 수출국 대부분은 선진국입니다.

이처럼 인간의 인지 능력의 한계와 '현실과 인지' 사이의 간극이 식사와 관련된 사회문제의 주요 원인 중 하나가 되고 있습니다.

이 책에서는 '사람다움'을 바탕으로 '농업 경제학'의 프레임을 활용해 우리의 '식사'와 관련된 사회문제를 다양한 관점에서 탐구하겠습니다. 식사와 관련된 문제에 경제학적으로 접근하는 것이 생소할 수 있겠지만, 그러한 선택 배경에는 확고한 이유가 있습니다. 식사를 둘러싼 환경의 복잡성이 증가한 주요 원인 중 하나는 시장이라는 구조의 발전 때문입니다. 이러한 시장 구조와 그 안에서의 사람들의 행동을 체계적으로 분석하는 학문이 바로 경제학입니다.

특히, 식량과 관련된 시장 구조와 사람들의 행동에 주목하는 분야가 농업 경제학입니다. 복잡한 식량 문제를 단순하게 이해하기 위한 틀로, 농업 경제학은 이러한 복잡성을 적절히 단순화하는 역할을 합니다.

농업 경제학의 분석 대상은 식량뿐만 아니라 의류에 사용되는 면화나 건축에 활용되는 목재 등도 포함됩니다. 그러나 이 책은 특히 식량에 초점을 맞추고 있어 식량 경제학의 관점에서 접근하는 것이 더욱 명확하게 이해될 것입니다.

식량 경제학은 크게 생산, 시장(거래), 소비의 세 부분으로 구성되며, 이들 간에는 깊은 연관성이 있습니다. 이 복잡한 관계를 '식사'라는 친숙한 주제를 중심으로 살펴보면서 전반적인 관계를 탐구하기 위해 이 책의 제목을 《먹는 경제학》으로 지었습니다.

'먹다'는 우리 일상에서 중요하고 빠질 수 없는 활동입니다. 그러나 도시화와 세계화가 진행되면서 식량 환경과 그 향후 예측은 점점 복잡해지며, '먹다'의 사회적 의미와 그 존재감을 이해하는 것이 어려워졌습니다.

따라서 이 책에서는 '먹다'라는 관점을 통해 현재의 복잡한 사회와 미래상을 구체적으로 탐구하고자 합니다. 이 책이 여러분이 미래 사회를 이해하고 대비하는 데 도움이 되길 바라며, 이를 하나의 이정표로 활용하시길 바랍니다.

시모카와 사토루

목 차

2부 굶는 사람과 버리는 사람 | '먹다'를 둘러싼 사회문제

1부

지구와 식탁은 연결되어 있다

'먹다'가 만드는 사회

일러두기

<서문> 및 <1부 시작하기 전에>에서도 언급했듯, '食べる'는 그 원래의 의미를 초월한 뜻을 내포하고 있습니다. 이에 《먹는 경제학》에서는 '食べる'를 그 본래의 의미인 '먹다'로 번역하였지만, 단순히 '먹다'라는 뜻만이 아닌 '식품 소비'와 동일한 의미로 사용하고 있음을 밝힙니다.

1부를 시작하기 전에

1부에서는 '먹다(食べる)'와 관련된 사회 구조와 경제학적 접근을 개략적으로 살펴봅니다. 2부에서 깊게 다룰 '먹다'와 관련된 사회적 문제를 이해하기 위한 준비로 생각해 주시면 좋습니다.

이 책에서 '먹다'는 대체로 '식품 소비'와 동일한 의미로 사용됩니다. '식품 소비'는 실제 음식의 소비뿐만 아니라 '식품 손실(Food Loss)'[1] 등도 포함하나, '먹다'는 실제 음식을 먹는 행위에 초점을 맞추었습니다. '식품 소비'라는 표현은 다소 딱딱하게 느껴질 수 있어, '먹다'라는 표현을 사용해 더 친근하게 다가가고자 했습니다.

더불어, '식품 소비'를 '먹다'로 표현함으로써 일상 언어에서의 '식량 생산'과의 차이를 명확히 하려 했습니다. 식량 생산에서 '먹다'에 해당하는 단어는 찾기 어려웠습니다. 가장 가까운 것이 '만들다(作

…

1 역자 주: 생산과 유통, 소비 과정에서 손실되거나 먹을 수 있음에도 버려지는 음식을 가리킨다. 먹을 수 없는 '식품 폐기(Food Waste)'와는 다른 의미로 쓰인다.

る)'라는 표현일 텐데, 이는 식품에 한정되지 않습니다. 그래서 '식량 생산'은 그대로 사용하였습니다.

설명이 다소 복잡하게 느껴질 수 있습니다만, 이러한 차이점들이 실제로 식품 소비와 식량 생산에 대한 인식의 차이를 반영한다고 생각합니다.

1장

'먹다'와 '식량 생산'의 상관관계

먹기 위해서는 당연히 식량을 생산해야 합니다. '먹다'와 '식량 생산' 간의 밀접한 관계는 우리가 쉽게 받아들일 수 있을 것이라 생각합니다. 요리에 필요한 식재료처럼, 식량 생산에는 공기, 물, 토양, 햇빛 같은 자연 자원이 필요합니다. 그러므로 '먹다'는 식량 생산에 필요한 자연 자원의 이용과도 밀접한 관계에 있습니다.

이러한 관계성을 인식하는 정도에 따라, '먹다'가 사회 전체와 어떤 관련이 있는지도 달라질 것입니다. 여기서 '먹다'의 깊은 사회적 의미를 조금 생각해 봅시다. 그것은 단순히 농업이나 식품 비즈니스에 관한 이야기가 아닙니다. 그보다는 더 깊은, 추상적이고 근원적인 것을 탐구하고자 합니다.

'먹다'를 경제학적으로 표현하면 '식량을 소비한다'라는 의미입니다. 그런데 '먹다'와 '소비한다'라는 표현에서 약간의 차이가 느껴지시나요? '먹다'는 단순한 소비 이상의 행위로, 식량 소비 이외의 선택지는 존재하지 않습니다. 식량이라는 특별한 '재화'는 특수성이 있습니다. '재화'는 만족도에 영향을 미치는 요소인데, 식량은 다른 재화의 소비와는 구분되는 특별한 성질이 있습니다. 이 부분이 조금 복잡해 보일 수도 있지만, '먹다'와 사회 전체의 관계를 설명하기 위한 중요한 내용입니다.

왜 '먹다'는 특별한가?

'먹다'가 왜 특별한지 이해하기 위해 다른 소비와의 차이점을 살펴보겠습니다.

✶ 몸 밖의 것을 몸 안으로 넣는다

식량을 소비한다, 즉 먹는다는 것은 식량을 몸속으로 넣는 행위입니다. 반면 다른 재화의 소비는 대부분 몸 안에 무언가를 넣는 행위가 아니라 재화를 물리적으로 사용하는 것에 그칩니다. 이는 소비 행동에 큰 차이를 만들어 냅니다.

예를 들어, 우리의 '몸'을 '집'으로 비유하면 이해하기 쉽습니다. 대다수의 사람들은 집에 누군가를 초대할 때 매우 신중합니다. 특별한 이유 없이 기분에 따라 누군가를 집에 들이거나 막연히 거부하는 경우도 흔합니다. 누군가가 허락 없이 집에 들어오게 되면, 우리는 그를 쫓아내거나 심지어 경찰을 부를 수도 있습니다.

반면, 집 밖에 있는 사람들에 대해서는 그다지 신경을 쓰지 않습니다. 집 앞에서 무엇을 하는 사람을 보아도 그저 '잠시 후에는 사라지겠지'라고 생각하며, 너그럽게 허용할 수 있습니다. 이렇게 '먹다'와 다른 재화의 소비에 대한 우리의 반응에서 명확한 차이를 발견할 수 있습니다.

예를 들어, 구입한 도시락에 머리카락 한 올이 들어 있는 경우와 새로 산 책에 머리카락 한 올이 끼어 있는 경우, 어느 쪽이 더 싫으신가요? 둘 다 유쾌하지 않겠지만, 분명 도시락 쪽이 더 거슬릴 것입니다. 도시락은 머리카락 하나로도 반품을 고려하는 사람이 있겠지만, 책의 경우 도시락에 머리카락이 들어 있는 것만큼 불쾌해하지 않을 가능성이 높습니다.

다음으로, 슈퍼마켓에서 반품된 녹차와 지우개를 생각해 봅시다. 양쪽 모두 정가는 1,000원이며, 반품된 상품은 10% 할인된 900원에 팔리고 있습니다. 신제품 역시 1,000원에 팔리고 있습니다. 여러분이라면 어느 쪽을 선택하시겠습니까? 아마도, 반품된 지우개는 그대로 사도 문제없다고 느낄 수 있지만, 반품된 녹차는 좀 더 고민하게 될 것입니다.

또한, 편의점에서 물건을 봉투에 담을 때, 점원으로부터 '음식과 다른 상품을 따로 담아 드릴까요?'라는 질문을 받아보신 적 있으실 겁니다. 이러한 서비스 방식도 소비자들이 음식에 대해 특별한 관심을 가지고 있음을 보여 주는 증거입니다.

이처럼 식품과 식품이 아닌 제품을 두고 사람들이 보이는 반응은 명백히 다릅니다. 구체적으로, '먹다'는 다른 재화를 소비한다는 행위보다 더 신중하게 접근하게 되며, 감정적인 판단에 더 큰 영향을 받습니다.

✶ 생물학적인 하한선과 상한선이 있다

우리는 식량을 소비해야 살아갈 수 있습니다. 신체나 장기의 활동을 위해 최소한의 에너지를 섭취해야 하기 때문입니다. 심지어 몸을 전혀 움직이지 않는 상태에서도 생명을 유지하기 위한 주요 장기가 활동하기 위해서 성인 여성은 하루에 약 1,100kcal, 성인 남성은 약 1,500kcal의 에너지가 필요하다고 합니다.

그리고 사람이 하루에 섭취할 수 있는 식량의 양에는 명확한 상한선이 있습니다. 무한 리필 뷔페에 방문한 경험을 생각해 보면, 90분의 시간제한이 있더라도, 실제로는 60분도 되지 않아서 배가 가득 차곤 합니다. 심지어 푸드파이터조차도 한 번의 식사로 섭취할 수 있는 양은 약 10kg이 한계라는 이야기도 있습니다.

이렇게 음식에 대한 생물학적인 하한선과 상한선은 '식품 소비'의 경제적 측면에도 큰 영향을 미칩니다. 예컨대, 소득이나 가격 변동에 따라 하루에 섭취하는 음식량의 변동성에 관한 문제가 있습니다. 아무리 가난한 환경에서도 최소한의 양의 음식 섭취는 필요하며, 반대로 높은 소득을 가진 사람이라도 하루에 섭취할 수 있는 음식의 양이 크게 늘어나지 않는다는 것은 다양한 국가의 데이터를 통해서도 확인할 수 있습니다.

세계적으로 경제적 풍요를 자랑하는 미국과 최빈국 중 하나로 꼽히는 아프리카의 차드의 사례를 통해 식량 소비와 경제적 풍요 사이의 관계를 살펴보겠습니다.

2018년도 세계은행 데이터베이스를 기준으로 일인당 명목 GDP[1](미국 달러)를 비교해 보면, 미국의 경우 6만 2,997달러에 달하는 반면, 차드는 726달러로 나타납니다. 이는 약 87배의 큰 차이를 보입니다. 그리고 물가 등의 여러 요인을 반영한 구매력평가 GDP(PPP 환율)에서도 미국과 차드 사이에는 약 39배의 격차가 있습니다.

...

1 역자 주: 명목 GDP는 당해 연도의 시장가격을 적용하여 국내총생산을 계산한 것으로, 당해 연도에 생산한 재화와 서비스의 액면가를 그대로 반영한 것이다. 재화와 서비스의 시장가격은 시간이 지남에 따라 바뀌기 때문에 명목 GDP는 물가 변동을 반영하는 개념이라 할 수 있다.

하지만 이러한 경제적 풍요의 차이와는 달리, 식량 소비에 있어서는 큰 차이가 나타나지 않습니다. 유엔식량농업기구(Food and Agriculture Organization, FAO)의 2018년 데이터에 따르면, 일인당 하루 식량 에너지 공급량에서 미국은 3,782kcal를, 차드는 2,115kcal를 기록했는데, 이 차이는 겨우 1.8배에 불과합니다. 그리고 주의해야 할 점은 이 데이터는 식량의 공급량을 나타내는 것으로, 실제로 모든 식량이 소비되는 것은 아닙니다. 예를 들어, 미국에서 음식물 쓰레기가 많이 발생한다면, 실제 섭취량의 차이는 1.8배보다 훨씬 더 적어질 수 있습니다.

또한, 식비에서의 경제적 격차는 더욱 큰 차이를 보입니다. 2018년에는 미국의 일인당 연간 식비는 약 2,600달러로, 이 금액만으로도 차드의 한 사람당 명목 GDP의 3배를 초과합니다. 반면 차드에서의 일인당 연간 식비에 대한 정확한 데이터는 확인되지 않았지만, 명목 GDP가 차드보다 약 30% 높은 탄자니아의 데이터를 참고하면, 연간 식비는 약 200달러로, 미국에 비해 10분의 1 수준에 불과합니다. 이러한 식비의 차이도 경제적 풍요와는 비례하지 않은 것을 볼 수 있습니다.

즉, 국제적으로 비교해 보면, 소득 차이가 가장 크고, 식비 차이는 이에 비하면 작으며, 먹는 양의 차이는 더 작아진다는 것을 알 수 있습니다. 다르게 말하면, 먹는 양은 소득의 변화에 크게 좌우되지 않는다는 점입니다. 경제학에서는 이러한 재화를 필수품이라고 부르고, 일상생활에 필요한 재화의 특성이라고 생각합니다. 의류나 주거 등도 필수품에 포함되지만, 생명을 유지하기 위해 절대적으로 필요한 양(생물학적인 하한선)이 있는 식량은 필수품 중에서도 특수하고 절대적인 것입니다.

소득의 경우와 마찬가지로 식량 가격이 폭등하더라도 살아가기 위해서 필요한 양의 식량은 확보해야 합니다. 반대로 식량 가격이 급락하더라도 평소 식량이 부족한 상태가 아닌 한, 하루에 먹을 수 있는 양을 급격히 늘릴 수 있는 사람은 없습니다. 예를 들어, 평소 5kg에 25,000원 하던 쌀이 5kg에 12,500원으로 가격이 내려간다면 두 포대 정도 사 둘 수는 있겠지만, 그날 먹는 쌀의 양을 두 배로 늘리는 사람은 적을 것입니다. 이 때문에 식량 가격이 변화하더라도 하루에 먹는 양은 그다지 바뀌지 않거나 바꿀 수 없습니다. 즉, 먹는 양은 가격 변화에도 크게 반응하지 않는 것입니다.

'먹다'의 반응을 수치화하기

이렇듯 소득이나 가격 변화에 대하여 수요가 어떻게 반응하는지를 수치로 측정하기 위하여 경제학에서는 '수요의 소득탄력성'과 '수요의 가격탄력성'이라는 도구를 사용합니다.

수요의 소득탄력성은 소득이 1% 변할 때 해당 제품의 수요가 얼마나 변하는지를 나타내는 지표입니다. 동일한 맥락에서, 수요의 가격탄력성은 특정 제품의 가격이 1% 변했을 때 해당 제품의 수요가 얼마나 달라지는지를 나타냅니다.

조금 더 엄밀하게 말하자면, '자기(자체) 가격탄력성'이라는 용어를 사용하기도 합니다. 이는 특정 상품의 가격이 달라졌을 때 이러한 변화가 해당 제품의 수요에 미치는 영향을 측정하기 위함입니다. 예컨대, 쌀 가격이 1% 상승하면 쌀의 수요가 0.3% 감소한다고 가정해 보겠습니다. 이때 수요 변화(-0.3%)를 가격 변화(+1%)로 나누어 얻는 값, 즉 -0.3이 자기 가격탄력성이 됩니다. 반대로, 쌀 가격이 1% 하락했을 때 쌀 수요가 0.3% 증가한다면, +0.3%를 -1%로 나누어 자기 가격탄력성은 -0.3이 됩니다. 일반적으로 가격의 변화와 수요의 변화는 서로 반대 방향으로 움직이므로 자기 가격탄력성은 주로 마이너스 값을 가집니다.

가격탄력성을 설명하면서, 변화량을 왜 퍼센트로 표현하는지 궁금하셨을 겁니다. 이는 다양한 물건의 가격과 수요량의 단위에 상관없이 일관되게 비교하기 위해서입니다. 예를 들면, 쌀의 가격은 5킬로그램당이며, 수요량 단위는 킬로그램(kg)입니다. 반면, 우유의 가격은 1리터당이며, 수요량 단위는 리터(L)입니다. 따라서 '5kg에 2만 원하던 쌀 가격이 1,000원이 올라 수요가 0.5kg 감소'와 '1L에

2,000원이던 우유 가격이 1,000원 올라 수요가 0.5L 감소'를 직접 비교하기는 어렵습니다. 그러나 '쌀 가격이 1% 상승해 수요가 0.1% 감소'와 '우유 가격이 1% 상승해 수요가 0.5% 감소'의 경우, 단위가 통일되어 있어 반응의 크기를 비교할 수 있습니다. 이는 소득탄력성에도 동일하게 적용됩니다.

그렇다면, '먹는 양이 소득이나 가격 변화에 크게 반응하지 않는다'라는 주장은 어떻게 이해해야 할까요? 탄력성의 관점에서 본다면, '큰 반응이 없다'라는 것은 소득이나 가격의 탄력성이 1보다 작다는 의미입니다. 특히 생활에 꼭 필요한 물건들은 탄력성 값이 0에 가깝게 나타납니다. 따라서 식품의 소득탄력성이나 자기 가격탄력성은 일반적으로 1보다 작은 값을 가지게 됩니다. 그렇지만 식품의 종류나 특성에 따라 이 값은 다를 수 있습니다.

예를 들면, 일본에서 쌀의 소득탄력성은 0.01, 자기 가격탄력성은 -0.06으로 측정되었습니다. 반면 육류의 경우 소득탄력성이 0.49, 자기 가격탄력성이 -0.36입니다. 이 수치는 육류의 수요가 쌀에 비해 소득이나 가격 변화에 더 민감하게 반응한다는 것을 보여 줍니다. 구체적으로, 소득이 1% 증가할 경우, 쌀 수요는 0.01%만 증가하는 반면, 육류 수요는 0.49% 증가하게 되어, 이는 쌀에 비해 49배 더 큰 반응을 보입니다. 가격의 변화에 대해서도 육류의 수요에 대한 반응이 쌀보다 6배나 크다는 것을 알 수 있습니다. 그

외에, 오락(娛楽) 및 여가 활동의 소득탄력성은 1.29, 자기 가격탄력성은 -0.94로, 이 역시 육류보다 더 큰 반응을 보입니다. 이러한 '먹다'와 소득 및 가격 관계는 2부에서 자세히 살펴볼 예정이니, 이 부분은 잘 기억해 두시길 바랍니다.

'식량 생산'도 특별하다

'먹다'가 다른 소비에 비해 독특한 특성을 보이듯이, '식량 생산'도 다른 생산 활동에는 없는 특별한 성질을 갖고 있습니다. 이에 대한 세부 사항을 함께 살펴보겠습니다.

✶ 자연의 힘은 이길 수 없다

식량을 생산한다는 것은 태양 에너지를 활용하여 물과 공기 중의 이산화탄소로부터 탄수화물을 형성하는 과정을 의미합니다. 이 과정을 광합성이라고 합니다. 이처럼 우리는 자연환경의 도움 없이는 식량 생산을 할 수 없습니다.

최근에는 슈퍼마켓에서도 식물 공장[2]에서 생산된 채소를 볼 수

…

2 역자 주: 일정한 시설 내에서 빛, 온도, 습도, 공기, 물, 영양분 등 식물 배양에 필요한 모든 환경 조건을 인공적으로 제어하여 농작물을 생산하는 시스템을 의미한다.

있게 되었지만, 이러한 방식으로 생산할 수 있는 채소는 토마토나 양상추와 같은 몇몇 작물에 국한됩니다. 쌀이나 밀 같은 생존에 필수적인 곡물을 생산하려면 넓은 토지가 필요하며, 이를 전적으로 식물 공장에서 생산하는 것은 물리적, 경제적 측면에서 큰 이점이 없습니다.

따라서, 기술이 아무리 발전해도 대다수의 식량 생산은 자연 자원에 크게 의존해야만 합니다. 이는 '식량 생산량이 해마다 변동될 수 있다'라는 것을 의미합니다. 흉작인 해와 풍작인 해가 있기 때문에 생산량을 완벽하게 조절하는 것은 사실상 불가능합니다.

이로 인해 일상에서 채소나 과일의 가격이 계절에 따라 크게 변동하는 것은 불가피한 현상입니다. 예를 들어, 작년 9월에 1,300원에 팔렸던 양상추의 가격이 올해 9월에는 2,700원으로 상승할 수도 있습니다. 가격 결정에는 생산량 외에도 여러 요인이 있지만, 생산량의 변화가 가격에 큰 영향을 미치는 것은 분명합니다. 이에 관해서는 뒤에서 추가로 설명하겠습니다.

6월과 7월에는 종종 날씨가 좋지 않아 장마가 오거나 일조량이 부족하면, 잎채소의 뿌리가 썩게 되어 수확량이 감소하는 경우가 발생합니다. 예컨대, 2020년 7월에는 평년 대비 강수량이 2.2배나 되고, 일조량이 70% 감소하였기 때문에 양상추의 생산이 크게 줄었으며, 그 결과 가격은 평년 대비 2배 이상으로 상승하였습니다.

또한, 태풍, 홍수, 지진 등의 자연재해는 식량 생산에 큰 영향을 줍니다. 예를 들면, 홋카이도는 보통 태풍의 영향을 크게 받지 않지만, 2016년 8월 17일부터 일주일 동안에 태풍 7, 8, 9호가 연속하여 상륙하였습니다. 이 때문에 홋카이도, 일본의 주요 농업 지역에서는 큰 피해를 보았고, 양파, 감자, 당근 등 주요 채소의 가격이 급등하였습니다.

그러나 콩나물이나 버섯같이 기후의 영향을 크게 받지 않는 식품의 가격은 비교적 안정적입니다. 축산업도 기후의 영향을 크게 받지 않지만, 조류 독감 같은 감염병이 발생하면 큰 피해를 볼 수 있습니다. 기후변화와 비교하면 감염병 대응은 상대적으로 쉽겠지만, 그럼에도 불구하고 완벽히 통제하는 것은 현실적으로 쉽지 않습니다.

먼저 세계의 장기적 변화에 대해서 살펴보겠습니다. 표 1-1은 1ha의 토지에서 얼마나 많은 옥수수를 수확할 수 있는지, 즉 옥수수의 단위 면적당 수확량(톤/ha)을 나타내고 있습니다. 1961년부터 2019년까지 약 60년 동안을 대략 10년 간격으로 나누어, 각 시기의 최고와 최저의 단위 면적당 수확량을 세계 평균, 최빈국 평균 그리고 미국의 수치로 구분하였습니다. 이 60년 동안 화학비료, 농약, 유전자 변형 기술과 같은 기술 혁신 덕분에 옥수수의 단위 면적당 수확량은 전 세계적으로 2배 이상 증가하였습니다. 이는 최빈

(단위: 톤/ha)

기간(년)	세계			최빈국			미국		
	최고	최저	최고·최저	최고	최저	최고·최저	최고	최저	최고·최저
1961~1969	2.42	1.94	1.25	0.99	0.94	1.06	5.39	3.92	1.38
1970~1979	3.38	2.35	1.44	1.17	0.94	1.25	6.87	4.51	1.52
1980~1989	3.72	2.95	1.26	1.19	1.05	1.13	7.52	5.09	1.48
1990~1999	4.44	3.63	1.22	1.41	0.96	1.47	8.70	6.32	1.38
2000~2009	5.15	4.32	1.19	1.65	1.20	1.38	10.32	8.12	1.27
2010~2019	5.82	4.85	1.20	1.95	1.73	1.13	11.74	7.73	1.52

표 1-1 세계, 최빈국, 미국의 옥수수 단위 면적당 수확량 추이

국에서도, 미국에서도 마찬가지의 추세입니다. 그러나 동일한 시기의 단위 면적당 수확량을 비교하면 미국은 최빈국보다 약 5배 이상 높은 것을 확인할 수 있습니다. 이러한 격차는 60년 동안 줄어들지 않았습니다.

표 1-1에서의 '최고·최저'는 각각 최고와 최저의 단위 면적당 수확량(풍작과 흉작)의 비율을 의미하며, 이는 기후 등의 영향을 나타냅니다. 이 값이 크면 기후 등의 영향이 더 커진다는 것을 의미합니다. 이 60년간의 변화를 보면, 최고·최저의 변화는 전체적인 단위 면적당 수확량의 변화에 비해 상대적으로 작습니다. 기술 혁신이 이루어졌음에도 불구하고 최고·최저의 세계 평균은 1.25에서 1.20까지의 소폭 감소만 있었습니다. 같은 기간 동안 최빈국과 미국의 최고·최저를 비교해 보아도 큰 차이는 없었으며, 실제로 미국의 최

고·최저 값이 증가하는 경우도 종종 있었습니다.

즉, 생산기술이 발전하더라도 기후 등의 영향을 완전히 통제하는 것은 어렵습니다. 게다가, 미국의 최첨단 옥수수 생산기술을 사용하더라도 기후의 영향은 최빈국과 큰 차이가 없다는 것을 알 수 있습니다.

✶ 환경 부담 제로는 꿈같은 이야기

여기까지 자연이 식량 생산에 미치는 영향을 주로 살펴봤습니다. 하지만, 식량 생산이 자연에 미치는 영향에 대해서도 고민해 볼 필요가 있습니다.

본론에 앞서, 질문을 하나 드리겠습니다. 여행 중에 혹은 TV에서 여름의 하늘 아래 펼쳐진 푸른 논과 밭의 풍경을 보면 어떤 느낌인가요? '아름답다'라거나 '자연스러워 보인다'라고 생각하시나요?

물론 그 풍경은 '아름다운' 것입니다. 그러나 그것이 '완전히 자연스러운' 것인지는 논란의 여지가 있습니다. 왜냐하면 논과 밭은 인위적으로 조성한 것이며, 순수한 자연 그 자체는 아니기 때문입니다. 이는 채소밭이나 과수원에도 해당됩니다.

따라서 식량 생산에는 인간이 개입하여 자연환경에 어느 정도의 부담을 주게 됩니다. 특히 전 세계 약 79억의 인구를 위한 식량을 생산하게 되면 그 부담은 더욱 커질 것입니다. 그렇기 때문에 식량 생산과 자연환경의 부담 사이에서의 균형을 생각할 때, 완전히 부담을 제거하는 것이 아니라 어느 정도까지 회복 가능한 부담을 줄 수 있는지, 즉 지속 가능한 범위에서의 관리가 필요하다는 것을 기억해야 합니다.

현재 우리는 지속 가능한 수준과는 아직 거리가 멉니다. 최근에는 단위 면적당 수확량 증가가 농가의 수익 증대를 위한 목표가 되었습니다. 그리고 제한된 경작지 면적에서 증가하는 세계 인구를 먹여 살리기 위한 필수적인 방안으로 더욱 중요해지고 있습니다. 단위 면적당 수확량을 향상시키기 위해서는 관개시설[3]이나 농업 기계를 넘어, 비료나 농약을 대량으로 사용하게 되는데, 이로 인해 환경오염 문제가 발생하고 있습니다. 특히 축산업에서는 대량의 물 사용과 분뇨에 의한 토양 및 지하수 오염 문제가 심화되고 있습니다.

식물 공장이나 수경 재배와 같은 방식은 상대적으로 환경에 미치는 부담이 적을 것으로 생각될 수 있지만, 이 방법도 물과 비료가 필요합니다. 또한 빛과 기온을 조절하기 위한 연료 사용을 감안할 때 식량 생산으로 환경에 주는 부담을 완전히 없애는 것은 큰 도전이라는 것을 알 수 있습니다.

…

3 역자 주: 농사에 쓰이는 물을 하천이나 저수지로부터 공급하기 위하여 인공적으로 설치한 시설물을 가리킨다.

대부분의 사람들은 잘 인지하지 못할 수 있지만, 식량 생산에 필요한 자원인 물이나 경작지는 전 세계적으로 보면 매우 한정적인 것이라는 사실을 잊어서는 안 됩니다.

경작지를 예로 들어 보겠습니다. 모든 작물이 자라는 토양은 동일하지 않습니다. FAO의 2018년 자료에 따르면, 세계의 육지 총면적은 담수호나 강을 제외하고 134억ha이며, 이 중 약 12%(15억ha)가 경작지로 이용되고 있습니다. 하지만, 남은 88%의 육지를 모두 경작지로 바꿀 수는 없습니다. 경작지로 활용 가능한 토지는 전체의 약 30%(42억ha) 정도로 추정됩니다. 이로 미루어 볼 때, 아직 27억ha의 농지로 활용할 수 있습니다. 그러나 현재 활용되지 않는 것은 그 토지의 조건이 좋지 않다는 것을 의미하므로, 새롭게 경작지로 개발해도 현재의 수확량과 동일한 수준을 기대하기는 어렵습니다.

한편, 1961년의 13.5억ha에서 2018년의 15.7억ha로, 세계의 총 경작지 면적은 과거 약 60년 동안 크게 증가하지 않았습니다. 이는 피폐해진 경작지를 새로운 경작지로 대체하며 현재의 면적을 유지하고 있음을 의미합니다. 또한, 손상된 경작지가 자연적으로 회복되기까지 수백 년이 소요되며, 토양이 1cm 쌓이는 데도 최소 100년이 걸린다고 합니다. 따라서, 경작지의 전체 면적은 별로 늘어나지 않고, 미래에 활용할 수 있는 토지는 점점 줄어들 것으로 예상됩니다.

이런 상황은 현재의 식량 생산 문제뿐만 아니라, 미래의 식량 생산 가능성에도 큰 위협이 됩니다. 그럼에도 불구하고 식량 생산의 환경 부담을 완전히 줄일 수는 없습니다. 그래서 50년 후나 100년 후에도 지속적으로 식량을 생산할 수 있도록 환경 부담을 최소화하는 지속 가능성이 중요하게 여겨지고 있습니다.

식탁 건너편에는 무엇이 있나?

'먹다'만을 중심으로 바라보는 관점과 '먹다'와 '식량 생산' 사이의 깊은 연관성을 인식하는 관점은 서로 크게 다릅니다. 후자의 관점이 더 포괄적이고 현실적인 시각이라고 볼 수 있습니다. 앞서 언급했듯이, 소득이 증가하더라도 사람들이 하루에 섭취하는 총에너지양은 크게 변하지 않습니다. 실제로 소득 수준이 크게 다른 선진국과 개발도상국 사이에서도 하루 섭취 에너지양의 차이는 두 배 미만이었습니다.

이렇게 '먹다'에 한정된 관점에서 보면 선진국과 개발도상국 사이의 차이가 크게 느껴지지 않을 수 있습니다. 그러나, '식량 생산'의 관점에서는 다르게 해석됩니다. 같은 에너지양이더라도, 어떤 음식을 통해 에너지를 섭취하는지에 따라 식량 생산에 필요한 자원의 양이 달라집니다. 가령, 가축을 사육하기 위해서는 많은 사료와 물이 필요하므로 식물을 직접 기르는 것보다 훨씬 많은 자원이 필요합니다. 소득 증가에 따라 소고기나 돼지고기 섭취 비율이 늘면, 그만큼 더 많은 자원이 필요해집니다. 따라서 식량 생산에 필요한 자원에 초점을 맞추면, 선진국과 개발도상국 사이의 차이는 더욱 벌어집니다.

미국과 차드를 예로 들면, 미국에서는 하루에 한 사람이 섭취하는 식량 에너지의 73%는 식물성이고 27%는 동물성입니다. 반면 차드에서는 94%가 식물성이며 6%만이 동물성입니다. 그 결과, 미국에서의 동물성 식품 섭취 비율은 차드의 4배 이상입니다. 또한, 미국의 육류 에너지 섭취량은 하루에 455kcal이며, 차드는 50kcal로, 거의 9배나 차이가 납니다. 그리고 곡류 에너지 섭취량은 미국은 823kcal, 차드는 1,301kcal로 미국이 차드보다 약 40% 더 적습니다.

육류와 곡류의 공급량을 중점으로 두고, 이를 생산하는 데 필요한 곡물과 물의 양을 계산해 보겠습니다.

육류는 소, 돼지, 닭으로 나누어 분석합니다. 예컨대, 1kg의 소고기 생산에는 평균 11kg의 사료용 곡물과 15,415L의 물이 필요하다고 합니다. 돼지고기와 닭고기는 1kg당 각각 3.5kg, 2.3kg의 사료용 곡물과 5,988L, 4,325L의 물이 필요합니다. 이런 수치는 소고기에 비해 낮아 보이지만, 곡류 생산과 비교해 보면 2~3배 이상의 자연 자원이 필요합니다. 곡류의 경우, 생산량과 공급량은 동일하므로, 이때 필요한 물의 양이 핵심입니다. 가령, 1kg의 밀을 생산하려면 1,827L의 물이 필요합니다.

이러한 값을 활용하여 일인당 하루 육류와 곡류 공급에 필요한 총 곡물량을 계산해 보면, 미국은 2,049g, 차드는 667g으로, 약 3배 정도 차이가 납니다. 동일한 방법으로 필요한 물의 양도 계산하면 미국은 3,255L, 차드는 1,129L로, 약 2.9배의 차이가 있습니다. '먹다'의 관점에서만 보면 에너지 공급량의 차이는 약 1.8배지만, '식량 생산'의 관점에서는 자연 자원의 요구량 차이가 약 3배로, 훨씬 큰 차이를 보입니다. 여기서 중요한 점은, 사료용 곡물과 식용 곡물이 다른 품종이거나 식용에 적합하지 않은 낮은 품질이라는 사실입니다. 따라서 사료용 곡물과 식용 곡물의 생산은 별개로 고려해야 한다는 의견도 있습니다.

어찌 보면 맞는 말 같지만, 반드시 그렇지만은 않습니다. 이러한 의견은 주된 관점이 '먹다'에 치우쳐져 있어서 '식량 생산'에 필요한 자원에 대한 시각이 누락되어 있습니다.

예를 들면, 사료용이든 식용이든 생산을 위해 필요한 경작지나 물의 양은 크게 차이 나지 않습니다. 더불어, 앞서 언급했듯이 경작지와 물은 한정된 자원입니다. 브라질을 비롯한 몇몇 국가에서는 사료용 곡물을 생산하고 나면 농경지가 폐기되고 있으며, 이미 언급했듯이 이렇게 폐기된 경작지가 자연스럽게 복원되기까지 수백 년이 필요합니다. 이러한 상황은 현재의 사료용 곡물 생산이 식용 곡물 생산에 직접적인 영향을 주지 않더라도, 점차적으로 사용할 수 있는 경작지가 감소하게 되어 미래의 식용 곡물 생산에 문제를 야기할 수 있습니다.

따라서 '먹다'와 '식량 생산'을 동시에 고려함으로써, 우리가 평소에 어떤 음식을 섭취하는지, 즉 '식품의 선택'이 지구 환경과 미래 세대에 어떤 영향을 주는지를 알 수 있습니다.

만일 '먹다'만을 중심으로 생각했다면, 식품의 선택은 개인의 건강, 기호나 생활습관병[4]에 따른 의료비 상승 등의 사회적 문제로만 인식될 수 있습니다. 그러나 실질적으로 그것만이 영향을 미치는 것은 아닙니다. 우리가 무엇을 얼마나 먹는지는 어떤 식품을 얼마나 생산할지를 결정하고, 이는 다시 그 식품의 생산을 위해 필요한 자원의 양에도 영향을 미쳐 지구 전체와 후손들에게 큰 문제가 될 수 있습니다.

…

4 역자 주: 질병의 발생과 진행에 식습관, 운동 습관, 휴양, 흡연, 음주 등의 생활 습관이 미치는 영향을 받는 질환군을 말한다. 주로 고혈압, 당뇨병, 비만, 고지혈증, 동맥경화증 등을 가리킨다.

✔ '먹다'와 '식량 생산'의 중요성을 체감하지 못하는 이유

지금까지 '먹다'와 '식량 생산'의 관계에 대해 설명했지만, 실제로 일상에서 '식량 생산'을 체감하는 사람은 그리 많지 않을 것이라 생각합니다. 대다수의 사람들에게 '먹다'와 '식량 생산'의 관계는 익숙한 개념이 아닐 것입니다.

그렇지만, 우리가 어떻게 느끼든 '먹다'와 '식량 생산'은 깊게 연결되어 있습니다. 우리 앞에 있는 음식은 분명히 어딘가에서 생산되어 운송되어 왔다는 것을 잊어서는 안 됩니다.

우리가 일상에서 가장 직접적으로 '식량 생산'과의 연관성을 느낄 수 있는 것은 식품의 원산지를 나타내는 라벨일지도 모르겠습니다. 일본에서는 식품표시법에 따라 신선 식품의 원산지 그리고 가공식품의 주요 원료의 원산지나 국가명을 표기하는 것이 의무화되어 있습니다. 특히, 2017년 9월부터 2022년 3월 말까지는 이 기준에 따른 이행 기간으로, 이 기간 동안 모든 가공식품에도 원산지 표기가 점차 확대될 예정입니다.

하지만, 여러분은 장을 볼 때 정확히 어디까지 식품의 원산지를 확인하시나요? 제 개인적인 경험으로는, 직업 때문인지, 혹은 취미 때문인지 슈퍼마켓에서 식품의 원산지를 주의 깊게 확인하는 편입니다. 다만 너무 주변의 시선을 끌지 않게 적당히 관찰하려고 하는 편입니다.

2020년에 일본 소비자청이 실시한 '식품표시에 관한 소비자 의식 조사' 결과에 따르면, 원료의 원산지명 표시를 항상 확인한다고 응답한 사람은 24.4%, 가끔 확인한다고 응답한 사람은 42.7%에 불과했습니다. 특히, 이 비율은 연령대가 낮아질수록 점차 감소하였으며, 10대에서는 두 항목을 합친 비율도 40~50% 정도에 그쳤습니다.

여러분 중에 원산지를 확인해 본 적이 없는 분이 있다면, 다음 내용을 읽기 전에 집에 있는 식품의 원산지를 한번 확인해 보는 것이 좋습니다. 또한, 편의점이나 슈퍼마켓을 방문할 때도 다양한 식품의 원산지를 확인해 보시길 권합니다. 예를 들면, 대부분 국산(일본)일 것으로 생각하는 소금, 낫토[5], 생강과 같은 제품의 원재료가 실제로는 외국산인 경우도 흔히 있습니다. 이는 단순히 제품의 좋고 나쁨을 판단하는 문제가 아니라, 우리의 인식과 현실 간의 차이를 깨닫는 것입니다.

모든 식품회사가 원재료의 원산지명을 올바르게 표시하고 있다고는 할 수 없습니다. 밀, 깨, 죽순과 같이 국산일 확률이 낮은 원재

…

5 역자 주: 낫토(納豆, なっとう)는 삶은 대두를 발효 숙성시켜 만든 일본의 대두 발효식품이다.

료를 사용한 식품에서, 원산지명을 표시하지 않거나 제조지를 마치 원산지처럼 표시하는 회사도 있습니다. 이러한 회사들의 행태는 우리의 인식과 현실 사이의 차이를 더욱 확대하고 있습니다. 잠시 주제에서 벗어났는데, 여러분은 실제로 자신이 섭취하는 식품의 원산지를 확인하고 어떤 생각을 하셨나요? 생각보다 다양한 지역이나 국가에서 가져온 식품을 섭취하고 있다는 것에 놀라셨을지도 모르겠습니다. 이렇게 되면 '식량 생산'과의 연관성을 직접적으로 느끼기 어려워진다는 생각이 듭니다.

원산지가 다양하기 때문에, 그 연관성을 일일이 체감하기는 어렵습니다. 더욱이, 그 원산지 중에는 한 번도 방문해 보지 않은 먼 지역이거나, 수도조차 모르는 이름만 들어본 국가인 경우도 있을 것입니다. 이는 마치 처음 만나는 먼 친척이나 SNS 친구와 같이, 실질적인 연관성이 부족한 것과 흡사합니다.

그렇다면 왜 우리는 이렇게 다양한 지역이나 국가에서 생산된 식품을 먹게 되었을까요? 그 원인으로는 급속한 도시화와 글로벌화를 들 수 있습니다. 그리고 이 두 현상을 지탱하고 있는 핵심적인 요소는 바로 '식량 시장'의 성장입니다.

2장

식량 시장이 사회를 잇는다

지금까지의 설명을 통해 '먹다'와 '식량 생산'이 어떻게 밀접하게 연결되어 있는지에 대한 인식을 갖게 되셨을 것입니다. 그렇지만 실제로 이 두 개념은 직접적으로 연결된 것이 아니라, '식량 시장'이라는 사회적 구조를 통해 연결되어 있습니다. 이번 장에서는 '식량 시장'이 사회에서 어떠한 역할을 수행하며, 그것이 사회에 어떤 영향을 주는지 알아보도록 하겠습니다.

식량 시장이란 무엇인가?

'시장'이라는 구조는 식량에만 한정되지 않으며, 세상에는 다양한 시장이 존재합니다. 그렇다면, 시장은 무엇을 의미할까요? 물건이나 서비스를 사고파는 장소일까요? 돈을 빌려주거나 빌리는 기관일까요? 혹은 사람을 고용하거나 고용되는 조직일까요?

경제학에서는 시장을 '한정된 자원을 효율적으로 분배하기 위한 구조'로 정의하고 있습니다. 조금 덧붙이자면, '사회에서 가장 바람직한 결과를 실현하기 위해 한정된 자원을 효율적으로 분배하는 구조'가 바로 시장입니다.

여기서 말하는 '자원'에는 물건, 서비스, 돈, 인력 등이 포함됩니다. 기억해 두어야 할 점은 시장이 모든 이에게 완벽한 이상향을 제공하는 구조는 아니라는 것입니다. 자원 자체가 한정적이기 때문에 모두를 만족시키는 완벽한 세계를 제공하는 구조는 현실적으로 불가능하기 때문입니다.

시장의 중요한 역할은 한정된 자원을 효율적으로 분배하여 가능한 선택지를 제공하고, 그중에서 사회적으로 가장 바람직한 선택을 실현하는 것입니다. 이 관점에서 보면, 시장은 실제로 존재하는 다른 구조들에 비해 매우 효율적인 구조라고 할 수 있습니다.

그렇지만 시장도 완벽하지 않습니다. 특히 '사회에서 가장 바람직한 선택'에 관한 견해는 다양하며, 이에는 공평성의 문제 등도 포함됩니다. 이에 대해서는 3장에서 더 자세히 다루겠습니다.

그럼, '식량 시장'은 어떻게 정의될까요? 현실에서 '식량 생산'부터 '먹다'에 이르기까지는 다양한 단계가 복잡하게 얽혀 있습니다. 이 책에서는 '먹다'와 '식량 생산'의 관점에서 '식량 시장'을 '사회에서 가장 바람직한 '먹다'를 실현하기 위해 자원을 효율적으로 활용하여 '식량을 생산'하고, 그 식량을 효율적으로 분배하는 구조'로 정의하려 합니다.

저렴하고 맛있게 먹을 수 있는 건 시장 덕분이다

그렇다면, 사회에서 가장 바람직하게 여기는 '먹다'는 무엇일까요? 일단은 '저렴하게 맛있는 것을 먹을 수 있다'고 정의해 보겠습니다. 딱히 크게 반대할 사람도 없으리라 생각하므로 우선 이대로 이야기를 진행하겠습니다.

먼저, 식량 시장이라는 구조가 전혀 존재하지 않는 경우를 상상해 보겠습니다. 이런 경우에는 식자재를 사거나 팔 수 없게 되므로, 개개인이 식량을 직접 생산하여 자급자족해야 합니다. 이때, 최대한 저렴하게 식량을 생산하기 위해 일 년 주기로 생각하여, 그해 동안 필요한 식량을 정확히 생산해야 합니다.

하지만, 정확한 양의 식량을 생산하는 것은 쉽지 않습니다. 기후 변화와 같은 불확실한 요소가 있기 때문입니다. 그리고 식량은 생존에 필수적이므로, 예기치 못한 상황을 대비하여 충분한 양을 생산해 두려는 경향이 있습니다.

그럼에도 불구하고, 시장이 없다면 생산 초과분을 팔 수 없기 때문에, 남은 식량이나 사용된 자원은 더 이상 소모되지 않고 남게 됩니다. 개인이 혼자서 키울 수 있는 작물의 종류도 한정적이기 때문에, 평소의 식사는 아주 소박하게 될 것입니다. 더욱이, 흉년이 들어 식량을 필요한 양만큼 생산하지 못한다면, 다른 경로로 식량을 얻을 방법이 없어 굶주리게 됩니다.

어쨌든 혼자서 식량을 자급자족하려면 '저렴하다' 혹은 '맛있다'고 평가하기 전에 해결해야 할 산더미 같은 문제들이 생깁니다.

그러므로, 몇 사람이 모여 집단으로 식량을 생산하고 나누는 것이 더 효율적입니다. 이렇게 되면, 오직 곡물이나 채소와 같은 기본 식량만 생산하는 것이 아니라, 과일을 생산하는 사람, 물고기를 잡는 사람, 수확한 밀을 빵이나 면으로 가공하는 사람 등이 등장하게 됩니다. 이렇게 물물교환을 통해 꽤나 다양하고 맛있는 식사를 즐길 수 있게 됩니다. 그러나, 집단이 작을 때는 식량의 배분도 상대적으로 단순하겠지만, 몇천 명 혹은 몇만 명의 대규모 집단으로 확대되면 식량의 배분 작업은 복잡해지게 되며, 그 업무를 전문적으로 관리하는 사람들이 필요해집니다.

이렇게 생각하면, 팔고 싶은 사람과 사고 싶은 사람을 연결하여, 상대적으로 자유로운 거래를 통해 식량을 배분하는 구조가 필요합니다. 바로 식량 시장입니다. 반면, 중앙에서 모든 것을 통제하여 식량을 배분하는 제도도 있습니다. 그 예로, 식량 배급 제도를 들 수 있습니다. 따라서, 식량을 배분하는 사회적 제도는 식량 시장 외에도 여러 형태로 존재했습니다.

역사를 돌이켜보면, 식량 배급 제도를 도입한 나라도 많았습니다. 중국을 예로 들면, 1955년부터 1978년까지 쌀, 밀, 옥수수, 대두 등 주요 식량의 생산과 유통을 국가가 통제하였으며, '단위 체제'[1]를 통해 도시에서 식량 배급 정책을 시행했습니다.

그러나, 이런 중앙집중적인 제도는 항상 원활하게 작동하지 않았습니다. 1959년부터 1961년 사이에는 대기근이 발생해 1,500만 명이 넘는 사망자가 발생했습니다. 이후 중국 정부는 1978년부터 개혁 및 개방 노선을 채택하며, 점차 시장 중심의 구조로 변화하였습니다.

결국, 현대에는 대부분의 국가에서 기본적으로 식량 시장을 통해 식량을 배분하고 있습니다. 역사적 경험을 통해 볼 때, '저렴하게 맛있는 것을 먹을 수 있는' 사회를 유지하기 위해서는 식량 시장이라는 구조가 가장 효과적이었습니다.

…

1 역자 주: 중국의 개혁·개방 이전, 노동력을 안정화하기 위하여 도시와 농촌 간 이동을 최소화하고, 지역이나 직장 단위에 이에 대한 관리 권한과 책임을 부여하여 사회를 통제하던 시스템이다.

자급자족을 할 수 있을까?

그렇다면 일본에서 완전히 식량을 자급자족하는 상황을 가정해 보겠습니다. 일본이 외국에서의 식량 수입을 중단하고 국내에서만 모든 식량을 생산한다면 어떨까요?

많은 사람들은 '과거에는 일본의 식량 자급률이 거의 100%에 가깝지 않았나?'라고 생각할 수 있습니다. 하지만 이는 주로 에도 시대(江戸時代)[2]에 해당하는 말입니다. 에도 시대의 최고 인구는 약 3,000만 명으로 현재의 인구의 약 4분의 1에 불과했습니다. 그럼에도 불구하고 흉작이 발생하면 기근이 이어지며, 수많은 사람들이 굶어 죽었습니다. 에도 시대의 약 260년 동안, 전국적으로 약 130회의 기근이 발생했다고 합니다. 특히, 일본 역사상 삼대 기근 중 하나인 교호 대기근(享保の大飢饉)[3]에서는, 막부의 기록에 따르면 약 1만 2,000명이 굶어 죽고, 약 200만 명이 굶주림에 시달렸다고 전해집니다.

…

2 역자 주: 1603년 대장군 도쿠가와 이에야스(德川家康)가 에도 지역에 중앙행정기능을 하는 막부(幕府)를 설치한 때부터 1867년까지를 가리킨다. 에도는 막부가 무너진 뒤 명칭이 도쿄(東京)로 바뀌었다.

3 역자 주: 에도 시대인 교호 17~18년(1732~1733년)에 걸쳐 서일본을 중심으로 발생한 대기근이다.

그렇지만 에도 시대 이후로 농업과 운송 기술은 크게 발전했습니다. 경작지 면적도 1850년의 약 317만ha에서 2019년의 약 437만ha로 증가하였습니다. 따라서 현대의 기술과 자원을 활용하면, 국가 차원에서의 식량 자급률 100%를 달성하는 것도 불가능하지는 않을 것으로 생각됩니다.

식량을 완전히 자급하는 것은 생각보다 굉장히 어려운 도전일 것입니다. 확실히 말할 수 있는 것은, 모든 식량을 국내에서 생산하려고 하면 현재 수입에 크게 의존하고 있는 식품들의 가격은 급등하여 구하기 어려워지거나, 심지어 전혀 구할 수 없게 될 것이라는 점입니다. 예를 들어, 빵이나 파스타와 같은 밀가루 제품, 육류, 바나나 등은 가격이 크게 상승하며, 소비 빈도가 줄어들 것으로 예상됩니다.

현재 빵류 제조에 쓰이는 밀의 자급률은 약 3%, 파스타 제조에 쓰이는 밀의 자급률은 거의 0%에 불과합니다. 가축 사료의 자급률은 약 25%, 바나나의 자급률은 약 0.1%에 불과한 상태입니다. 이러한 식품들을 국내에서만 생산하려는 시도는 거의 불가능하다고 볼 수 있습니다.

더욱이, 국내에서 생산되는 거의 모든 식품의 가격이 상승할 것으로 예상됩니다. 이는 국내에서 사용할 수 있는 농지 면적에 한계가 있기 때문입니다. 2019년 기준, 일본에서 사용 중인 경작지는 약 437만ha이며, 재사용이 어려운 황폐 농지는 약 28만ha에 이릅니다. 따라서 일본의 최대 농지 면적은 약 465만ha에 불과하다는 것을 의미합니다.

최근 일본에서는 밥 대신 빵을 선호하는 경향이 증가하여, 2019년 밀가루의 연간 총소비량은 약 630만 톤에 이르렀고, 이 중 약 530만 톤을 수입하였습니다. 일본에서 밀의 10a[4]당 평균 수확량이 450kg일 경우, 수입 분량만큼의 밀을 국내에서 생산하려면 약 118만ha의 경작지가 필요합니다. 현재 사용되지 않는 황폐 농지를 전부 활용해도 필요 면적의 4분의 1에 불과하게 됩니다. 또한, 밀만 증산하는 것이 아닌, 밀 부족분을 보충하기 위해 쌀이나 감자류와 같이 다른 주식류도 생산량을 높여야 합니다.

식용 대두나 옥수수도 크게 부족할 것으로 예상되며, 이러한 증산의 영향으로 현재 채소나 과일을 위해 활용되고 있는 경작지가 주식용으로 전환될 가능성이 있습니다. 이로 인해, 채소나 과일의 생산량도 감소하며, 그 가격 역시 상승하게 될 것입니다.

간단히 말하면, 완전한 식량 자급을 추구할 경우 현재의 식생활을 유지하는 것이 어려워질 가능성이 크며, 심지어 유지되더라도 대부분의 식품의 가격은 급등하게 될 것입니다. 더구나 다양한 식

…

4 역자 주: 미터법 단위의 한 종류이다. 1아르는 가로와 세로가 각각 10m인 정사각형의 넓이, 즉 100m^{2}를 가리키며, 기호로는 a를 사용한다. 이 넓이를 100배 하면 헥타르(ha)이다.

품 중에서 평소 많은 사람들이 즐기는 것들도 소비하기 어려워질 것입니다. 예를 들어, 커피는 일본의 기후 조건상 커피콩을 대량으로 생산하기 어렵기 때문에 수입하지 않으면 마시기 어려워질 것입니다. 커피 외에도 초콜릿, 아보카도, 깨, 고추, 꿀 등이 손에 넣기 어려워집니다. 그럼에도 불구하고, 이런 식품 없이도 생존은 가능하지만, 일상에서 즐길 수 있는 다양한 맛있는 식품을 희생해야만 할 것입니다.

결국, '저렴하게 맛있는 음식을 즐길 수 있게' 하려면 국내 식량 시장뿐만 아니라 식량 수입, 즉 국제 식량 시장의 중요성도 간과할 수 없습니다.

개발도상국과 국제시장의 깊은 관계

국제 식량 시장은 많은 개발도상국에 있어서도 중요한 존재입니다. 왜냐면, 식량 생산은 자연 조건에 크게 의존하고 있고, 자국의 자연 조건이 식량 생산에 적합하지 않은 개발도상국도 많기 때문입니다. 그런 나라는 주요 식량을 수입할 수 밖에 없습니다.

FAO는 과거 3년간 평균적으로 식량 수입이 식량 수출보다 많고, 일인당 국민총소득이 1945달러(2019년 미국 달러)보다 낮은 저소득 국가를 '저소득 순식량수입국(Low-Income Food-Deficit

Countries, LIFDCs)'라고 부르고 있습니다. 2021년에는 47개국이 LIFDCs 판정을 받았습니다. 인구로 보면 11억명 이상이 그러한 국가에서 살고 있습니다.

곡물 수입 의존도가 특히 높은 LIFDCs로는 예맨 공화국(96.0%), 콩고 민주공화국(82.9%) 등이 있으며, 47개국 중에서 17개국에서 곡물의 수입의존도가 30%를 넘고 있습니다. 이 나라들의 대부분은 국토를 차지하는 사막이나 험준한 산지 비율이 많거나, 작은 섬나라이므로 지리적으로 식량생산에 적합하지 않습니다. 당연히 이러한 나라 중에는 심각한 식량 부족에 고통받고 있는 나라도 적지 않습니다. 예를들어, 타히티 공화국은 곡물 수입의존도가 60.2%이며, 식량 부족으로 고통받고 있는 국민 비율이 48.0%로 추정되고 있습니다.

물론 이런 상황에서 애초에 비옥하지 않은 땅에 사는 것이 문제라고 보는 시각도 있을 것입니다. 하지만 역사적인 배경을 생각하면 해당 국가의 국민들은 쉽게 나라를 떠날 수 없습니다. 특히 다른 국가로 이주하려면 정치, 경제, 종교 등 다양한 문제를 해결해야 하기 때문입니다. 따라서 국경을 넘어 사람들의 거주지를 이동시키는 것보다, 국경을 넘어 식량을 이동시키는 것이 훨씬 더 간단하고 현실적인 해결책이라는 것을 알 수 있습니다.

그러면 '왜 시장을 거쳐야 할까? 식량 원조만으로도 충분히 해결할 수 있지 않나?'라고 생각하는 사람들이 있을 것입니다. 식량 원조는 확실히 중요하지만, LIFDCs에 필요한 주요 식량을 모두 충당할 수 있는 규모는 아닙니다. 2018년 LIFDCs의 밀, 쌀, 옥수수 수입량은 총 7,678만 톤에 이르렀지만, 전 세계의 식량 원조량은 약 420만 톤에 불과해 LIFDCs의 곡물 수입량의 대략 5.5%밖에 되지 않았습니다.

게다가, 식량 원조만으로 문제를 해결하는 것이 실제로 가능하다고 가정하더라도, 두 가지 큰 문제가 있습니다. 이는 의존성과 경제 문제입니다.

먼저 의존성 문제입니다. 하나의 독립된 국가라면 국민에게 필요한 식량을 확보하는 것은 국가의 기본적 책임입니다. 이를 위한 핵심적인 해결책은 국내 농업의 발전에 투자하는 것입니다. 그러나 식량 부족을 완전히 원조로만 해결한다면, 해당 국가는 농업 발전에 대한 필요성을 간과할 위험이 있습니다. 이로 인해 국내 농업이 정체되거나 후퇴하게 되면 식량 원조에 더욱 의존하게 될 가능성이 큽니다.

먼저, 원조를 받는 나라는 식량이라는 생명줄을 원조국에 의존하게 되므로 국가의 독립성을 유지하기 어려워질 수도 있습니다. 식량 원조를 제공할 수 있는 국가는 제한적이기 때문에, 원조를 받는 국가는 원조국의 영향력 아래에 있게 됩니다. 이로써 '공짜보다 비싼 것은 없다'라는 말을 체감하게 됩니다.

그리고 국제 식량 시장에서는 식량을 구입할 때 비용이 발생하므로, 이 비용을 절감하기 위해 국내 농업 발전에 투자하는 동기가 생깁니다. 시장의 상호 교환 특성상 구매자와 판매자 모두 이익이 발생하게 되며, 여러 판매자의 존재로 교섭력이 상승하여 국가의 독립성을 유지하면서도 식량을 확보할 수 있습니다.

다음으로, 경제적 관점에서 무료로 제공되는 대량의 식량이 시장에 들어오면, 식량의 국내 가격이 급격히 하락할 것입니다. 이러한 가격 하락의 피해자는 주로 농가, 특히 빈곤층의 농가일 것입니다. 식량 가격이 하락하면 수입도 감소하므로, 전반적인 생활 수준이 실제로 향상되는지는 불투명합니다. 더욱이, 식량의 가격이 과도하게 하락하면 농업 활동의 동기가 감소하여 국내 식량 생산량이 줄어들고, 이에 따라 다시 식량 원조의 필요성이 증가하게 될 것입니다. 따라서, LIFDCs의 식량 부족 문제를 해결하기 위해서는 식량 원조와 국내 농업 발전을 균형 있게 추진해야 합니다. 그리고 이러한 균형을 이루는 데에는 국제 식량 시장의 역할이 중요합니다.

시장 발전에 분업은 필수 요소

식생활의 핵심이라고 할 수 있는 식량 시장은 발전과 더불어 사회적 분업이 필연적으로 꾸준히 발전할 수밖에 없습니다. 분업을 통해 더 효율적으로 식량을 생산하며, 그 결과로 식량의 가격을 저렴하게 만들 수 있기 때문입니다.

예를 들면, 식량 생산에 유리한 지역에서는 주로 식량을 생산하게 되며, 반대로 자동차 생산에 유리한 지역에서는 자동차를 생산합니다. 이렇게 각 지역의 특성을 최대한 활용하면, 사회 전반에서 식량과 자동차 등의 생산이 보다 효율적으로 이루어질 수 있습니다.

식량 생산만을 예로 들어 보아도, 전체 생산 과정을 세부적인 여러 과정으로 나누어, 각 과정에 전문화된 사람이나 회사가 참여함으로써 식량을 더 효율적으로 생산할 수 있습니다. 그 결과, 같은 양의 맛있는 식품을 더 저렴한 가격으로 구입할 수 있게 됩니다.

하지만, 모든 분업이 이로운 것은 아닙니다. 분업의 장점을 극대화하기 위해서는 '지리적 이점'과 '규모의 경제'가 중요합니다. 특히 농산물은 자연조건에 크게 의존하기 때문에 지리적 이점이 큰 영향을 미칩니다. 규모의 경제란, 생산량이 증가함에 따라 개당 생산비용이 감소하는 현상을 의미합니다. 이는 고정비용(생산량과 상관없이 발생하는 비용) 때문입니다. 생산량이 증가하면, 개당 고정비용이 감소하여 개당 총생산비용도 줄어드는 것입니다.

식량 생산에서 주요 고정비용으로는 인건비, 땅값, 농기계 비용 등이 있습니다. 그리고 식량의 생산량을 결정하는 두 가지 핵심 요소는 생산기술과 농지의 면적입니다. 이 두 요소 중 최소한 하나는 향상시키거나 확장해야 생산량을 증가시킬 수 있습니다. 이를 바탕으로, 간단한 예시로 설명해 보겠습니다.

어느 나라에는 A 마을과 B 마을이라는 두 마을만 존재하고, 주요 생산품은 쌀과 옷뿐입니다. 단순화를 위해 두 마을 땅의 총면적, 하루 임금 그리고 사용할 수 있는 생산기술 수준은 동일하며, 모든 마을 사람들은 쌀과 옷을 생산한다고 가정해 보겠습니다.

A 마을은 100명의 적은 인구를 갖고 있지만, 지리적 특성으로 인해 50%의 땅을 농지로 활용할 수 있습니다. 반면 B 마을은 500명의 많은 인구를 갖고 있지만, 쌀 생산에는 불리한 조건 때문에 마을 땅의 10%만을 농지로 활용할 수 있습니다. 쌀의 생산량은 활용 가능한 농지 면적에 크게 의존하므로, A 마을은 연간 1,000톤의 쌀을, B 마을은 연간 200톤의 쌀을 생산한다고 합시다. 한편, 옷의 생산에서는 토지의 면적보다는 봉제 공장에서 얼마나 많은 사람을 집중적으로 고용할 수 있는지가 중요한 요소입니다. 이 때문에 B 마을은 연간 1,000벌의 옷을, A 마을은 연간 200벌의 옷을 생산합니다. 여기서 다음 세 가지 경우를 생각해 보아야 합니다.

① 각 마을에서 쌀과 옷 둘 다 생산

② A 마을은 쌀, B마을은 옷을 생산

③ A 마을은 옷, B마을은 쌀을 생산

①의 경우, 단순화를 위해 마을의 절반이 쌀과 옷을 각각 생산하며, 결과적으로 생산량은 각각 특화된 경우의 절반으로 가정해 보겠습니다. 이때 A 마을은 쌀 500톤과 옷 100벌, B 마을은 쌀 100톤과 옷 500벌을 생산해, 나라 전체로는 쌀 600톤과 옷 600벌을 생산하게 됩니다. 주목할 점은, A 마을에서 봉제 공장을 건설하더라도 50명밖에 모을 수 없어 옷 생산량이 B 마을보다 적다는 것입니다. 그리고 B 마을에서는 250명이 쌀을 생산하더라도 농지의 제약 때문에 쌀 생산량이 A 마을보다 적다는 것입니다.

②의 경우, A 마을은 쌀 1,000톤, B 마을은 옷 1,000벌을 생산해 나라 전체적으로는 쌀 1,000톤과 옷 1,000벌을 생산하게 됩니다.

③의 경우, A 마을은 옷 200벌, B 마을은 쌀 200톤을 생산해 나라 전체적으로는 쌀 200톤과 옷 200벌을 생산하게 됩니다. 즉, ③의 경우에는 A 마을의 인구 제한과 B 마을의 농지 제한이 생산량 증가의 장애물이 됩니다.

이렇게 보면, 전체적으로 ②의 경우가 쌀과 옷의 최대 생산량을 달성한다는 것을 확인할 수 있습니다. 세 가지 경우 모두에서 인구와 임금은 일정하므로, 전체 인건비는 변하지 않습니다. 그리고 땅값, 농기계 비용, 봉제 공장 건설비는 고정비용이기 때문에 생산량이 많아질수록 단위당 생산 비용은 줄어듭니다. 따라서 ②의 경우에서 쌀 1톤과 옷 한 벌의 생산 비용이 가장 저렴하며, 이는 소비자에게도 유리한 선택이 됩니다.

현실은 이처럼 단순하지 않겠지만, 대략 A 마을을 농촌, B 마을을 도시로 생각하면, 농촌이 농업에, 도시가 다른 서비스에 특화되는 것이 전체 자원을 효율적으로 활용하는 방법이라는 것을 알 수 있습니다.

분업으로 가려지는 것들

여기까지 분업의 이점에 대해 설명했습니다. 그러나 분업의 발전에 따라 많은 사람들이 '식량 생산'에 대한 직접적인 경험을 덜 하게 되는 측면도 있습니다.

예를 들면, 최근에 방문한 가게에서 과자의 식품 표시를 살펴보니 주성분이 '밀(국내 제조)'로 표기되어 있었습니다. 이는 국내에서 가공된 '밀가루'를 의미하는 것 같지만, 대부분의 밀은 외국산일 가능성이 높으므로, 잘못 해석될 수 있는 표기입니다. 이러한 표기는 명백한 거짓말은 아니기에 애매하게 느껴질 수 있습니다.

이 과자가 가게의 진열대에 오기까지 외국 농가에서 밀을 생산하고, 국내 제분 회사에서 밀을 밀가루로 가공하며, 각종 원재료는 전문 가공 회사에서 준비합니다. 포장 회사는 과자 포장지를, 다른 회사는 방습제를 제조하고, 제과 회사는 이 모든 재료를 활용하여 과자를 만듭니다. 그 후, 다른 판매 회사가 그 과자를 판매하는 과정을 거치게 됩니다. 이와 같이 다양한 사람과 기업의 손을 거쳐 만들어지는 것입니다.

과자를 생산하는 주체라고 하면, 대부분의 소비자는 제과 회사를 먼저 떠올릴 것입니다. 그리고 제과 회사의 시각에서 주요 재료인 밀가루의 생산자는 국내 제분 회사라고 생각합니다. 다시 제분 회사의 관점에서는 밀의 원산지는 해외 농가입니다. 따라서 제과 회사가 사용하는 원재료를 '밀(국내 제조)'이라고 표기하는 것도 틀린 말이 아닙니다.

이렇게 여러 생산자나 가공업자가 식량 생산에 관여하는 과정에서 소비자는 주로 직전의 생산자만 인식하게 됩니다. 식품표시법은 주요 원재료의 생산자에만 초점을 맞추기 때문에 중간 공정에 참여하는 생산자나 가공업자는 소비자에게는 눈에 띄기 어려운 존재가 됩니다.

또한, 분업의 발전으로 식량 생산 현장과 '먹는' 쪽 사이의 물리적 거리가 멀어지는 현상도 이를 더욱 부각시킵니다. 특히 식량 수입에 크게 의존하는 일본 같은 국가에서는 이 현상이 더욱 두드러집니다. 일본은 국제적인 관점에서 식량 생산에 '지리적 이점'이 적기 때문에 많은 양의 식량을 수입하게 되는데, 이는 그만큼의 경제적 이익을 가져다줍니다.

2018년 기준으로 국가별 일인당 농지 면적을 살펴보면, 일본은 0.03ha, 호주는 14.4ha, 미국은 1.24ha, 영국은 0.26ha입니다.[5] 일본과 호주는 무려 480배의 차이를 보입니다. 그렇지만, 호주와 미국에서는 목초지가 농지 중 상당한 부분을 차지하므로, 식물을 재배하는 경작지만 고려하면 호주는 1.26ha로 일본의 42배, 미국은 0.49ha로 일본의 16배에 해당합니다. 이렇게 비교해 보면 국가별 일인당 농지 면적은 큰 차이를 보입니다.

또한, 농지 면적을 듣고 놀랄 법한 나라로는 영국이 있습니다. 영국의 전체 국토 면적은 일본의 약 1/3에 불과하고, 일반적으로 농업 활동이 활발하다는 이미지는 아니지만, 일인당 농지 면적은 일본의 9배에 달합니다. 경작지만을 감안하면, 영국은 일본의 3배입니다. 이러한 차이는 영국이 농업에 이용할 수 있는 국토의 비율이

…

5 역자 주: 대한민국의 일인당 농지 면적은 2022년 기준으로 0.04ha이다.

일본보다 크며, 인구도 일본보다 적기 때문에 발생합니다.

일본은 식량을 생산하는 데 있어서 주요 식량 수출국과 비교할 때, 단순히 기술이나 노력만으로는 극복하기 어려운 차이가 존재합니다. 이러한 사정 때문에 일본에서는 식량을 자급하는 것보다 수입하여 사용하는 것이 훨씬 경제적으로 효율적입니다. 더불어, 일본은 고급 공업 제품 등을 생산하는 데 주력함으로써 자원을 효과적으로 활용하고 큰 경제적 이익을 추구하고 있습니다.

전 세계적인 시장의 발전과 함께 분업의 진전은 '저렴하게 맛있는 식품을 소비할 수 있는' 사회 구축에 결정적인 역할을 하고 있습니다. 이런 발전의 결과로 '먹다'와 '식량 생산' 사이의 거리가 멀어져, 현대의 많은 사람들이 '식량 생산' 과정과 식탁 사이의 연관성을 체감하기 어려운 것은 당연한 현상이라고 볼 수 있습니다.

3장

식량 시장의 한계

2장에서는 식량 시장을 「사회에서 바람직한 '먹다'를 구현하기 위해 자연 자원 등을 효과적으로 활용하여 '식량을 생산'하고, 그 식량을 효율적으로 배분하는 구조」라고 정의하기로 했습니다. 이 장에서는 이에 대한 이야기를 더 깊게 이어가 보겠습니다.

우선 '사회에서 바람직하다'라는 말은 대다수의 사람들이 공유하는 윤리적 가치판단에 따릅니다. 세상에는 다양한 가치판단이 있으며, 경제학에서 주로 강조하는 가치는 '공평성'입니다. 이는 '가능한 한 평등하게'에 가까운 가치입니다. 이 책에서는 공평성 외에도 건강 증진, 환경 보호, 식품의 안전성 등 다양한 가치에 관한 내용을 다루고 있습니다.

'효율적으로 활용'하거나 '효율적으로 배분'하는 개념은 경제학의

'효율성'과 관련이 있습니다. 그러나 이러한 경제학적 효율성은 일상에서 우리가 사용하는 효율성과는 약간 다른 의미입니다. 이 차이에 대해 간략하게 설명하자면, 경제학에서의 효율성은 최소한의 비용으로 최대의 효과를 낼 수 있도록 자원을 활용하는 상태를 의미합니다. 즉, 한 제품의 생산을 늘리기 위해 다른 제품의 생산을 줄이거나, 한 사람의 만족도를 높이기 위해 다른 사람의 만족도를 낮추어야 하는 상황을 예로 들 수 있습니다.

효율성은 윤리적 가치판단을 하지 않는다

경제학에서의 '효율성'은 공평성과 같은 윤리적 가치판단을 포함하지 않습니다. 윤리적 판단은 외부적으로 결정되는 것으로, 그것을 경제학만으로 풀어내기는 어렵습니다. 이러한 특성은 경제학에만 국한된 것이 아니며, 대부분의 자연과학이나 사회과학에서도 동일하게 적용됩니다. 예컨대, 원자력발전의 기술적 탁월성은 자연과학의 관점에서 평가할 수 있지만, 그 기술이 사회에 바람직한지에 대한 가치판단은 자연과학의 범위를 벗어납니다.

이러한 관점에서, 시장은 효율적일지라도 그 결과가 윤리적으로 바람직한지는 확신할 수 없습니다.

A와 B라는 두 아이에게 두 개의 쿠키를 어떻게 나눠 줄지 상상

해 보세요. 둘 다 쿠키를 좋아하므로 가능한 한 많은 쿠키를 먹고 싶어 합니다. 보통은 한 명에게 쿠키 하나씩을 나눠 주는 효율적인 배분 방법을 생각합니다. 그러나 A가 두 개를 모두 먹고 B가 아무것도 먹지 못하는 경우도 경제학적인 관점에서는 효율적인 배분 방법입니다. B의 만족도를 올리기 위해서는 A에게 줄 쿠키 개수를 줄여야 하기 때문입니다. 따라서, A의 만족도를 희생하지 않는 한 B의 만족도를 높일 다른 방법이 없다면, 그것은 경제학에서의 '효율성'이라는 조건을 충족하는 것입니다. 그렇기 때문에 경제학의 효율성만을 기준으로 하면, 어느 배분 방법이 더 바람직한지는 판단하기 어렵습니다.

이러한 이유로, '효율성'뿐만 아니라 '공평성'이라는 가치를 함께 고려해야 합니다. 이렇게 접근하면, 처음에 A 혼자 두 개의 쿠키를 독차지하는 것보다는 A와 B가 각각 한 개씩 나누는 것이 더 공평하고 바람직하다고 판단할 수 있습니다.

가치판단은 단순히 이론으로만 정의할 수 없습니다. 개개인의 입장이나 상황에 따라 그 판단은 종종 달라집니다. 이를 예로 들면, 앞서 언급한 쿠키 문제에서 가위바위보를 해서 이긴 사람이 두 개의 쿠키를 전부 가져가는 규칙이 있다고 해 보겠습니다. A가 가위바위보에서 이기고 두 개의 쿠키를 전부 가져간다면 어떨까요? 둘 다 가위바위보의 결과로 결정된 것이므로, A가 쿠키를 독차지하는 것에 대한 판단은 같습니다. 그럼에도 가위바위보라는 무작위 선택 과정을 거쳤기 때문에, 이 결과를 불공평하다고 느끼는 사람은 훨씬 줄어들지 않을까요?

하지만 '가위바위보로 공평하게 결정했으니 괜찮다'라는 것을 전제로, 쿠키를 건 가위바위보에서 이긴 A가 15살의 중학교 3학년이고, 패배한 B가 5살의 유치원생이라면 어떨까요? 둘이 가위바위보를 공평하게 진행했더라도, 중학생이 쿠키를 독차지하는 것을 부당하다고 느끼는 사람도 분명히 있을 것입니다. 이런 상황에서는, A가 쿠키를 독차지하는 것을 부정적으로 보는 사람의 비율이 다시 높아질 것입니다.

결국 '공평성'이라는 것은 굉장히 복잡한 가치판단이며, 상황과 조건에 따라 판단의 결과가 크게 변할 수 있습니다. 이로 인해, 한 시점의 특정한 판단이나 어떤 사람들의 의견이 반드시 '사회적으로 바람직하다'라고 볼 수 없다는 점을 명심해야 합니다.

식량 시장의 영향을 받지 않는 세 가지 패턴

식량 시장은 매우 효율적인 구조이지만, 그것만으로는 모든 문제를 해결하기는 어렵습니다. 때로는 식량 시장의 기능만으로 문제를 제대로 처리하지 못하고, 사회적으로 바람직하지 않은 상황에 처하게 될 수 있습니다. 도서에서는 이와 같은 문제 상황을 '시장의 효율성'과 '사회적으로 바람직한 상황' 간의 관계로 바라보며, 세 가지 주요 패턴으로 분류하였습니다. 이 절에서는 그 세 가지 패턴의 개요를 간략하게 소개하며, 5, 6, 7장에서는 각 패턴에 대해 좀 더 상세히 설명하도록 하겠습니다.

✶ 효율적인 시장에서 발생하는 문제

먼저, 식량 시장을 통해 식량을 경제적으로 효율적으로 배분한다 해도, 항상 사회적으로 바람직한 상황이 되는 것은 아닙니다. 식량 시장이 경제학적 관점에서는 효율적일지라도, 사회적으로 바람직한 배분이 보장되지 않는 경우가 있기 때문입니다.

예를 들어, 영양부족, 비만 문제, 식품 손실과 같은 이슈들이 있습니다. 구체적으로 살펴보면, 판매자와 구매자 양측이 경제적으로 효율적인 식량 배분에 만족하더라도, 개발도상국에서는 영양부족 때문에 사람들이 필요한 식량을 구입할 수 없게 되거나, 선진국에서는 음식물 쓰레기 문제를 해결하지 못하는 상황을 말합니다.

✶ 시장 실패로 인한 문제

다음으로, 식량 시장에 맡겨서 배분하더라도 시장의 구조적 문제로 인해 경제적으로 효율적으로 배분하지 못하며, 사회적으로 바람직하지 못한 상황이 발생하기도 합니다. 이를 경제학에서는 '시장 실패'라고 부릅니다.

예를 들면, 식품의 안전성 및 식품 사기 이슈 그리고 육식이 환경에 끼치는 영향 등이 있습니다. 구체적으로, 식량 시장의 구조적 문제로 인해 일부 판매자가 부정행위를 저지르거나 환경에 대한 부담을 무시하게 되면, 그 결과로 인해 관련 없는 식품마저 팔리지 않게 될 수 있으며, 자연환경이 크게 훼손될 수 있습니다.

✶ 정치적 원인으로 인한 문제

마지막으로, 경제적 효율성보다 감정적인 가치판단이 앞선 결과로, 정치나 그 외의 경제적 요인으로 인해 시장의 구조가 왜곡되는 패턴을 볼 수 있습니다. 식량은 인간의 생존에 필수적이므로 국가와 국민들이 식량 시장의 구조를 왜곡하는 결정을 쉽게 받아들이거나 과도하게 방어적으로 행동하기도 합니다. 이러한 왜곡 중 일부는 필연적인 것도 있지만, 정치적 음모 등으로 인해 지나치게 곡해되는 것도 있습니다.

예를 들어, 지나치게 강화된 농업 보호정책이나 식량의 수출입 제한과 같은 문제가 있습니다. 이러한 시장 기능을 배제한 정책은 불필요한 보조금 또는 과도한 잉여 재고와 같은 경제적 희생을 초래하기도 하며, 이는 국내 식량 시장뿐만 아니라 국제 식량 시장에도 부정적 영향을 줄 수 있습니다.

가장 바람직한 '먹다'는 무엇일까?

1부를 마무리하며, 「사회에서 바람직하다고 생각하는 '먹다'」의 의미를 다시 생각해 보겠습니다. 지금까지 '저렴하고 맛있는 음식을 즐길 수 있는 것'이 바람직한 '먹다'라는 것을 전제로 논의하였습니다. 이런 관점이 '먹다'에 치우친 것 같다고 느끼셨나요? 만약 이 가정에 전혀 의문을 가지지 않았다면, 여러분의 시각이 주로 '먹다'에 치중되어 있음을 인지할 필요가 있습니다.

예컨대, '식량 생산'의 관점에서는 '생산 비용과 환경 부담이 적은 식품을 높은 가격에 구매하는 것'이 바람직하다고 볼 수 있습니다. 최소한 식품의 저렴한 가격은 생산자에게 이롭지 않다는 것은 분명합니다.

그러나, 일본 사회 전체에서 식량을 생산하는 사람은 극히 적은 비율을 차지하며, 대다수인 90% 이상의 사람들은 단순히 '먹다'에 중점을 둡니다. 그 결과, 식량 시장의 구조도 단순히 '먹다'에 대한 관점을 반영하기 쉽습니다. 이런 식량 시장은 효율적이고 낭비가 적을 수 있지만, 사회 전체의 공정성 측면에서는 큰 의문점을 남깁니다.

예를 들어, 식량 생산으로 인한 자연환경 부담을 간과하는 시장에서는 현재 '먹다'를 위해 자연 자원의 70%를 소비하며, 100년 후에는 '먹다'를 위해 전체의 30%만을 보존하는 불균형한 분배가 이루어질 수 있습니다.

이처럼, 「사회에서 바람직하다고 생각하는 '먹다'」의 의미는 사회 구성원들의 입장과 시점에 따라 달라집니다. 그리고 사회 전반에서 추구하는 '먹다'의 방식에 따라 식량 시장의 구조나 구현되는 사회의 모습 역시 변화합니다. 쉽게 말해, 현재의 식량 시장과 사회 구조는 대부분의 사람들이 바람직하다고 생각하는 '먹다'를 가능하게 하기 위해 형성된 것입니다. 이는 또한, 현재 우리가 추구하는 '먹다'의 방식에 따라 미래의 사회 구조가 변할 수 있다는 것을 의미합니다.

이제 여러분에게 질문하겠습니다. 여러분은 어떤 '먹다'가 사회적으로 바람직하다고 생각하시나요? 아마 이런 문제를 생각해 본 적 없는 분들이 많을 것 같습니다. 그런 분들에게 이 책을 끝까지 읽어 보라고 권하고 싶습니다. 이 책에서는 '먹다'를 중심으로 다양한 사회문제와 그 해석법을 구체적으로 다룹니다. 여러분의 일상적인 식사 습관에 이를 대입해 생각해 보시기 바랍니다. 이해하기 쉬운 내용도 있고 그렇지 않은 부분도 있을 것입니다. 하지만 이해한 내용이 점차 쌓여 나가면, 이 책을 마칠 때쯤에는 위의 질문에 대한 여러분만의 답을 찾을 수 있을 것입니다.

2부

굶는 사람과 버리는 사람

'먹다'를 둘러싼 사회문제

2부를 시작하기 전에

2부에서는 '먹다'와 '식량 생산', '식량 시장'과 사회문제가 어떻게 연결되어 있는지 그리고 그러한 문제들이 왜 발생하는지, 다양한 사례를 통해 자세히 살펴보겠습니다.

하지만 실제 사례를 살펴보면, 다양한 요소들이 복잡하게 얽혀 있기 때문에 겉으로 보이는 피상적인 요인에만 주목하면, 문제의 근본적인 원인을 파악하기 어려울 수 있습니다. 따라서 이 책에서는 식량 경제학의 관점에서 문제의 본질에 초점을 맞추려 합니다. 2부에서는 아래와 같이 세 가지 범주로 구분하면서, '먹다'와 관련된 사회문제를 탐구하고 이해하는 방향으로 설명하도록 하겠습니다.

· 자연의 섭리에 의한 불가피한 문제_ 4장

· 식량 시장의 한계로 인한 문제_ 5, 6, 7장

· '사람다움'으로 인해 발생하는 문제_ 8장

4장

피할 수 없는 자연의 섭리

자연의 섭리로 발생하는 문제는 대체로 인간의 힘으로는 제어하거나 피하기 어려운 경우가 많습니다. 예컨대, 식량 생산은 자연조건에 크게 좌우되기 때문에 해마다 수확량이 변동될 수밖에 없습니다. 또한, 사람이 섭취할 수 있는 양에도 한계가 있어 이 또한 피할 수 없는 섭리입니다. 4장에서는 이러한 섭리들이 어떻게 사회문제로 이어지는지를 살펴보겠습니다.

식품 가격은 변하기 쉽다

우선, 수확량을 제어할 수 없다는 점이 사회에 어떤 영향을 미치는지, '먹다'의 측면과 '식량 생산'의 측면으로 나누어 살펴보겠습니다. '먹다'라는 측면에서 보면, 식품의 가격이 불안정해지는 문제가 발생합니다. 이는 10%의 수확량 변화가 30% 혹은 40%라는 큰 비율의 가격 변화로 나타나기 때문입니다.

도대체 왜 그럴까요? 이에는 두 가지 주요한 이유가 있습니다. 첫째, '식량 생산'과 '먹다'의 관계에서 수확량은 쉽게 변할 수 있지만, 사람들이 섭취하는 양은 크게 변하지 않는다는 자연의 섭리 때문입니다. 둘째, 식량의 시장가격은 수확량, 즉 공급만이 아닌, '먹다'의 수요량과 균형을 이루며 결정되기 때문입니다.

경제학적으로 이 균형이란, '시장가격 변화율'은 '공급량 변화율'을 '수요의 자기 가격탄력성'으로 나눈 값으로 볼 수 있습니다. 1장에서 언급했던 내용을 생각해 보면, 식품의 수요는 가격 변동에 크게 반응하지 않아, '수요의 자기 가격탄력성' 값은 -1에서 0 사이에서 결정됩니다. 따라서, 식량의 경우 '시장가격 변화율' 관계식에서 '공급량 변화율' 값은 커질 가능성이 높고, 반면 '수요의 자기 가격탄력성'의 절댓값은 1보다 작아집니다. 그 결과, 식량의 시장가격 변화율은 공급량 변화율보다 훨씬 커질 수 있습니다.

예를 들면, 양배추의 '수요의 자기 가격탄력성'이 -0.4라고 가정해 보겠습니다. 풍작으로 인해 양배추의 공급량이 20% 증가했을 때 +20%를 -0.4로 나누면 -50%가 되므로, 양배추의 시장가격은 50% 하락하게 됩니다. 반대로, 흉작으로 양배추 공급량이 20% 감소한다면, -20%를 -0.4로 나누면 +50%가 되어, 양배추의 시장가격은 50% 상승하게 됩니다.

농사로 안정적인 수입을 만들 수 있을까?

먼저 '식량 생산' 측면에서 보면, 불안정한 식품 가격은 농업 수입의 안정성에도 영향을 미칩니다.

앞서 언급한 양배추로 다시 예를 들어보겠습니다. 풍작으로 인해 공급량이 20% 증가하면서 가격이 50% 하락하는 상황을 가정해 봅시다. 작년에는 공급량이 100kg이었고, kg당 1,000원이라면 매출은 10만 원입니다. 그러나 올해는 풍작으로 120kg을 생산했지만, 가격은 kg당 500원으로 하락했습니다. 결과적으로, 올해의 매출은 120kg 곱하기 500원으로 6만 원에 불과하게 됩니다. 즉, 공급량이 증가했음에도 불구하고 매출은 40%나 감소하는 '풍작 빈곤' 현상이 발생합니다.

반대로, 흉작으로 인해 공급량이 20% 감소하고 가격이 50% 상승하는 경우, 작년 대비 올해의 공급량은 80kg이 되지만 가격은 kg당 1,500원으로 상승합니다. 이로 인해 올해의 매출은 80kg 곱하기 1,500원, 총 10만 2천 원이 되며, 공급량은 줄었지만 매출은 20% 증가하는 결과를 보게 됩니다.

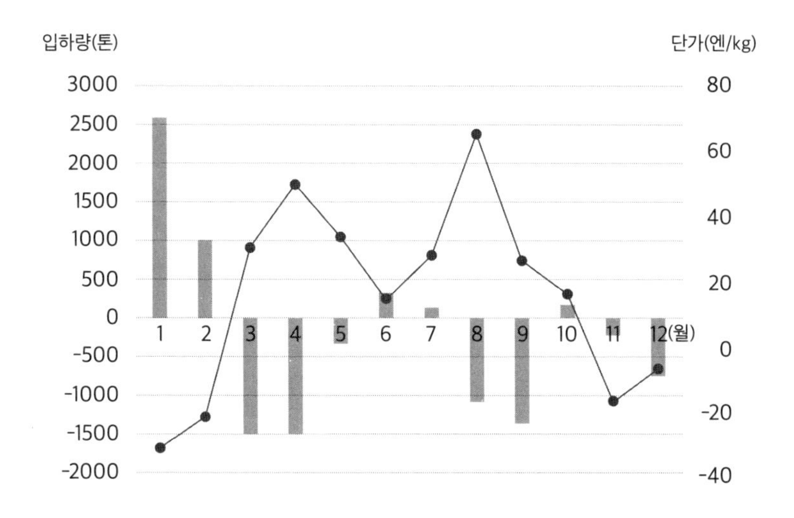

그림 4-1 2019년과 2020년의 양배추 입하량과 단가 변화

풍작이든 흉작이든 농작물의 생산 비용은 크게 변하지 않기 때문에, 매출의 차이는 바로 농가 수입의 차이로 연결됩니다.

도쿄 주오도매시장[1]의 양배추 입하량(톤)과 단가(kg당 몇 엔) 변화를 조금 더 구체적인 예를 들어 살펴보겠습니다. 그림4-1은 2019년에 비해 2020년의 월별 입하량과 단가 변화를 보여 줍니다. 예컨대, 2020년 1월에는 2019년 1월과 비교하여 입하량이 2,586톤 증가했으나, 양배추의 연간 수요는 크게 변하지 않아서 단가는 32엔 하락했습니다. 반면, 8월에는 입하량이 1,085톤 감소

...

1 역자 주: 일본 도쿄도 주오구 쓰키지에 위치한 공설의 수산물 전문 도매시장이다.

하여 단가는 66엔 상승했습니다.

2020년 1월과 2월에는 2019년과 비교하여 입하량이 6%에서 18%까지 증가했으나, 단가는 31%에서 38%까지 감소했습니다. 이로 인해 가격 변화율은 공급량 변화율의 2배에서 5배에 달했습니다. 그에 반해 2020년 3, 4, 5, 8, 9월에는 2019년 대비 입하량이 3%에서 8%까지 감소하였으나, 가격은 25%에서 49%까지 상승하였습니다. 이는 가격 변화율이 공급량 변화율의 3배에서 15배에 이르는 것을 의미합니다.

또한, 입하량과 단가를 곱하여 도매시장의 양배추 총매출을 계산하면, 2019년 1월의 총매출은 약 12억 7,000만 엔이었고, 2020년 1월의 총매출은 10억 4,000만 엔이었습니다. 이를 통해 2020년 1월에는 입하량이 2,586톤 증가했음에도 총매출이 2억 3,000만 엔 감소한 것을 알 수 있습니다. 반면, 2020년 8월에는 2019년 8월에 비해 입하량이 1,085톤 감소했지만, 총매출은 9억 1,000만 엔 증가하였습니다.

이에 따라 식량을 생산하는 관점에서 보면, 풍작이 항상 긍정적인 결과만을 가져오지는 않는다는 것을 알 수 있습니다. 바로 이것이 '풍작 빈곤'입니다. 즉, 풍작으로 생산량이 과도하게 늘어나면 시장의 가격이 급격히 내려가 결과적으로는 매출이 감소하게 됩니다. 이러한 상황을 피하기 위해 농가는 과도하게 생산된 농작물을 폐기하기도 합니다.

반면, 식품을 소비하는 관점에서 보면, 풍작으로 인한 농산물의 가격 하락은 환영받을 만한 소식일 것입니다. 그렇지만, 과도한 생산으로 식량이 폐기된다는 것을 알면 안타까워하는 사람도 있을 것입니다. 이는 아주 당연한 반응이지만, 이러한 시각은 어쩌면 '먹다'라는 관점에만 치우쳐져 있는 것은 아닌지 생각해 보아야 합니다.

식량을 생산하는 측면과 소비하는 측면에서는 실제로 큰 인식 차이가 나타납니다. 이러한 상황에서 중요한 것은 어느 한쪽이 옳다기보다는 두 관점 모두가 인식의 차이에서 기인한다는 사실을 이해하는 것입니다.

작물은 하루 만에 자라지 않는다

'식량 생산'의 입장에서 농업의 어려운 점 중 하나는 씨를 뿌리고부터 수확에 이르기까지의 재배 기간이 길다는 것입니다. 이 기간 동안 농업에 필요한 비용과 시간이 소요되지만, 그에 따른 수입은 기대하기 어렵습니다. 따라서, 기상이변으로 인해 수확량이 감소하거나 풍작으로 시세가 하락하면, 이미 발생한 생산 비용은 회수하기 어렵게 되며, 크게 빚을 질 수도 있습니다.

대형 농업 기계나 비닐하우스와 같은 시설을 도입한 농가에서는 초기 투자 비용으로 크게 대출을 받는 경우가 많습니다. 그러므로 5년 혹은 10년에 한 번 기상이변을 겪거나 자연재해에 휩쓸리면 대출금을 상환하기 어려워집니다. 이와 같이 리스크가 큼에도 불구하고 농가에서는 이를 회피하기가 쉽지 않습니다.

게다가 재배 기간은 작물의 종류에 따라 다양합니다. 곡물이나 과수는 재배 기간이 상대적으로 길다고 할 수 있습니다. 예를 들면, 쌀은 4, 5월에 파종을 시작하여 9, 10월에 수확하기 때문에 대략 5개월의 재배 기간이 필요합니다. 과수의 경우, 수확할 수 있는 상태까지 도달하려면 복숭아는 약 7년, 사과는 약 20년이 소요됩니다.

재배 기간이 길어질수록, 씨를 뿌릴 때의 수확량이나 가격에 대한 '불확실성'이 증가합니다. 농업 생산을 일단 시작하면 중간에 생산량을 조절하기는 어렵기 때문입니다. 더불어, 많이 생산하는 것이 반드시 좋은 것만은 아닙니다. 농가는 이 같은 불가피한 불확실성 속에서 수확 후의 시장 유통량이나 단가 등을 예측해 연간 생산 계획을 세워야 합니다. 이런 경영의 어려움은 농업에 종사하는 사람들이 줄어드는 원인 중 하나입니다.

한편으로, 채소의 재배 기간은 비교적 짧습니다. 잎채소 같은 경우에는 씨를 뿌린 후 약 한 달 만에 수확할 수 있는 것이 많습니다. 특히 콩나물이나 무순처럼 7일에서 10일 사이로 재배 기간이 짧은 작물도 있습니다. 이처럼 재배 기간이 짧은 작물은 하우스 재배나 식물 공장을 활용한 공업적 생산이 가능합니다. 짧은 주기로 생산량 조절이 가능하므로 수확량이나 가격에 대한 불확실성도 줄어듭니다. 그렇지만, 이러한 작물은 재배가 비교적 간단하여 부가가치가 낮거나 가격 경쟁이 심한 특성이 있습니다.

세계적인 시점에서 보면, 농가가 직면한 리스크의 영향은 선진국보다 개발도상국에서 훨씬 크다고 볼 수 있습니다. 이는 개발도상국에는 대출 제도, 손해 보험, 사회적 안전망 등이 아직도 불완전하기 때문입니다. 이러한 사정으로 농가는 리스크를 피할 수 없는데도 책임을 떠맡을 수밖에 없습니다. 게다가 개발도상국의 농가 대부분은 저소득층에 속하므로, 기상이변 등으로 인해 심각한 빈곤 상태에 처하게 되는 경우도 적지 않습니다.

반면, 선진국에서는 식량의 재배 기간에 따른 시차를 '먹다' 측면에서 느끼기는 어렵습니다. 이는 유통 단계에서의 다양한 방법으로 해당 시차의 영향을 최소화하기 때문입니다. 구체적인 아이디어에 대해서는 3부에서 자세하게 이야기하겠습니다.

기후변화와 식량의 복잡한 관계

이번에는 지구 규모에서 기후변화의 불가피한 영향에 대해 살펴보겠습니다.

2020년 7월, 일본의 편의점과 슈퍼마켓에서는 비닐봉지를 유상으로 제공하는 것이 의무화되었습니다. 이 조치가 기후변화 대응의 한 부분이라는 사실을 알고 계셨나요? 플라스틱 제조와 폐기에서 발생하는 이산화탄소 배출량을 줄여 지구온난화를 완화하는 것이 목표입니다. 이런 조치로 볼 때, 기후변화에 대한 인식이 최근에 점점 확산되고 있다는 것을 알 수 있습니다.

'식량 생산'은 기후에 크게 좌우되기 때문에, 기후변화의 직접적인 영향을 받습니다. 여기서 말하는 기후변화는 지구온난화뿐만 아니라 강수량 변화, 자연재해의 증가, 해수 온도 상승 등을 포함합니다.

식량 생산에 미치는 큰 영향은 이상기후, 가뭄, 호우, 홍수 등의 발생 빈도와 강도 증가 및 물 부족 문제입니다. 그러나 그 영향은 시기와 지역에 따라 달라질 것으로 예상됩니다.

예를 들어, '기후변화에 관한 정부 간 협의체(Intergovernmental Panel on Climate Change, IPCC)'라고 하는 국제적 전문가로 구성된 기관은 2100년까지 세계 평균기온이 섭씨 1.8도에서 3.4도까지 상승할 것으로 예측하고 있습니다. 또한, 일본에서는 2100년까지 평균기온이 섭씨 2.1도에서 4.0도까지 상승할 것으로 예측하고 있습니다.

여러분 중에는 '100년 동안 기온이 섭씨 1~2도 오르는 게 왜 문제일까?'라고 생각하는 분도 있을 것입니다. 그러한 생각도 충분히 이해할 수 있습니다. 저 역시 그 정도의 변화를 강력하게 체감하진 않습니다.

그러나 많은 과학 연구들은 평균기온이 섭씨 1도만 상승해도 높은 확률로 이상기후가 발생하고 그 심각성이 증가할 것으로 예측하고 있습니다. 산호초와 북극 빙하가 위협을 받고 있으며, 열대 감염증인 말라리아의 확산도 보고되고 있습니다.

반면, 평균기온이 섭씨 2도까지 상승한다면, 식량 생산에는 크게 영향을 미치지 않을 것이며, 일부는 기온 상승의 긍정적 효과로 인해 수확량이 증가할 것이라고 예측합니다. 하지만 평균기온이 섭씨 2도를 초과하면, 긍정적 효과보다 이상기후나 병충해의 부정적 영향이 더 커질 것입니다. 섭씨 3도 이상 상승하면, 사용할 수 있는 물 자원이 감소하며, 수확량은 더욱 줄어들 것으로 예측됩니다.

지금까지는 평균적인 기온 상승에 관해 이야기해 보았습니다. 그러나 실제 기온 상승의 정도는 지역마다 크게 다를 수 있습니다. 지금까지의 관측에 따르면 북반구의 중위도와 고위도[2]에서 기온

…

2 역자 주: 적도를 기준으로 위도 30도에서 60도까지를 중위도, 60도를 넘어 90도까지를 고위도 지역이라고 한다. 우리나라와 일본은 중위도에 위치한다.

상승률이 특히 높아지는 것으로 알려져 있습니다. 또한, 내륙 지역은 해안 지역보다 기온 상승의 영향을 더 크게 받는 경향이 있습니다. 따라서 세계 평균기온이 섭씨 1도 상승한다 해도, 북반구의 중위도나 고위도 내륙 지역에서는 섭씨 3도 이상 상승할 가능성이 충분히 있습니다. 이렇게 되면 해당 지역의 수확량은 감소하게 될 것입니다. 북미의 프레리 지대[3]와 우크라이나의 흑토[4] 지대는 북반구 중위도와 고위도 내륙 지역에 있습니다.

또한, 기후변화로 인한 강수량의 변화도 지역에 따라 다릅니다. 어떤 지역은 물 부족에 시달릴 것이며, 다른 지역은 호우로 인한 재해가 늘어날 것으로 예상됩니다. 특히, 지중해 연안, 중앙아메리카, 아프리카 그리고 호주의 아열대 지역에서는 강수량이 크게 줄어들 것으로 예상되고 있습니다. 반면, 남아시아, 동아시아, 동호주, 북유럽의 주요 농업 지역에서는 강수량 증가로 인한 자연재해의 위험이 커질 것으로 예상됩니다.

IPCC는 기후변화가 밀, 옥수수, 쌀, 대두 등 주요 곡물의 생산량에 미치는 지역별 영향을 고려하여 시뮬레이션을 진행하고 있습니

…

3 역자 주: 북아메리카 대륙 중앙부에 중앙 평원 서쪽으로 퍼지는 장초의 온대 초원 지대이다. 대초원(大草原)이라고도 한다. 동서 길이가 약 1,000km, 남북으로 길이가 약 2,000km 정도이다.

4 역자 주: 인산, 인, 암모니아가 결합하면서 형성된 부식토이기 때문에 검은색을 띤다.

다. 이 시뮬레이션 결과에 따르면, 2030년까지는 기후변화로 인해 식량 생산량이 감소하는 지역보다 증가하는 지역이 많을 것이며, 전 세계적으로 식량 수확량은 증가할 것으로 예측됩니다. 그러나 만약 기온 상승이 계속된다면, 2100년까지 식량 생산량이 감소하는 지역이 전체 중 4분의 3 이상을 차지하게 되며, 결과적으로 전 세계 식량 수확량은 크게 줄어들 것으로 예상됩니다.

국제 식량 시장은 점점 중요해진다

우리는 '기후변화의 결과에 따른 지역차'에 주목해야 합니다. 기후변화의 영향이 지역별로 다르다는 점은 이미 언급했지만, 그와 더불어 기후변화에 대응하는 대책마저도 지역별로 차이가 있다는 점을 명심해야 합니다. 이렇게 '영향의 지역차'와 '대책의 지역차'가 합쳐져서 기후변화의 결과에 대한 지역적 차이는 더욱 확대될 것으로 예상됩니다.

2100년까지 전 세계 대부분의 지역은 기후변화로 인한 식량 생산량 감소 리스크에 직면하게 됩니다. 그러나 이 리스크의 크기는 지역별로 어떤 대책을 세우느냐에 따라 다를 것입니다.

예를 들면, 선진국과 같은 경제력과 기술력을 갖춘 지역은 기후변화에 맞는 농업기술 개발과 인프라 정비 등의 대책을 통해 리스크를 줄일 수 있습니다. 반면, 경제적, 기술적 제약이 있는 개발도상국은 이런 대책을 도입하기 어렵기 때문에, 기후변화의 부정적인 영향에 노출될 가능성이 높습니다. 따라서, 많은 개발도상국은 이미 식량이 부족한 상황에서 기후변화로 인해 더 큰 피해를 입을 것으로 예상됩니다.

IPCC는 기후변화만의 영향으로 세계 기아 인구가 4,000만 명에서 1억 7,000만 명까지 증가할 것이라고 추정하고 있습니다.

특히, 2080년까지 기아 인구의 약 75%가 사하라 이남의 아프리카에서 발생할 것으로 예상됩니다. 그렇지만, 기아 인구 증가의 주요 원인은 기후변화보다는 사회경제적 요인이 더 크다고 합니다.

기후변화로 인한 식량 생산량의 지역적 차이는 국제적인 식량 거래량이 증가할 가능성을 내포하고 있습니다. 중위도와 고위도 국가들이 저위도 국가로 식량을 더 많이 수출할 것으로 예상할 수 있습니다. 또한, 이로 인해 많은 개발도상국의 식량 수입 의존도가 높아질 것입니다. 이런 변화는 국제 식량 시장의 중요성을 더욱 부각시킬 것입니다.

그러나, 국제 식량 시장의 역할이 결정적이라고는 볼 수 없습니다. 2100년까지는 기후변화로 식량 공급이 줄어들더라도, 인구 증가로 인한 식량 수요는 계속 증가할 것이기 때문에 국제적인 식품 가격은 상승할 것으로 예상됩니다. 따라서, 기후변화에 따른 수확량 감소가 예상되는 개발도상국은 국제 식품 가격 상승에 따라 수입할 수 있는 식량이 줄어들어, 기존보다 더 큰 식량 부족 문제가 발생할 수 있다는 우려가 제기되고 있습니다.

5장

효율적인 시장에서 나타나는 문제점

5장에서 7장까지는 '식량 시장의 한계와 관련된 문제'에 초점을 맞추어 설명합니다. 3장에서 언급한 '식량 시장의 영향을 받지 않는 세 가지 패턴'을 각각의 장으로 구분하여 다루겠습니다. 특히 5장에서는 '효율적인 시장에서 나타나는 문제점'을 중점적으로 다룹니다. 여기서는 '영양부족과 비만' 그리고 '식품 손실'과 같은 구체적인 사례를 통해 문제를 살펴보겠습니다.

영양부족과 비만 인구가 늘어나고 있다

최근에 두드러진 세계적인 불평등 중 하나는 영양부족과 비만의 동시 발생입니다. 식량 시장이 아무리 효율적일지라도, 그저 시장의 구조만으로 이 문제를 완전히 해결하기는 어렵습니다.

그림 5-1은 2000년부터 2016년까지 세계의 영양부족과 비만 인구의 비율 변화를 보여 줍니다. 꺾은 선은 비율을, 세로 막대는 인구수를 나타냅니다. 추가로, 영양부족의 추계치는 모든 연령층을 대상으로 하며, 2020년까지의 데이터가 발표되어 있습니다. 반면, 비만에 관한 추계치는 18세 이상의 성인을 대상으로 하고, 2016년까지의 데이터만 발표되어 있습니다.

그림 5-1을 보면, 2000년 이후 영양부족 비율은 감소 추세를 보이지만, 비만 비율은 꾸준히 증가하고 있습니다. 특히 2008년에는 영양부족과 비만의 비율이 역전된 모습을 볼 수 있습니다. 그러나

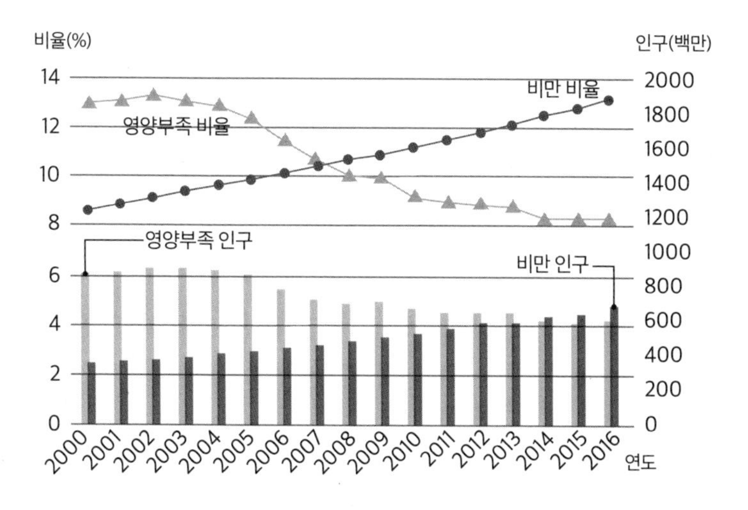

그림 5-1 세계의 영양부족과 비만 비율 및 인구

2014년 이후로 영양부족 비율의 감소세는 거의 멈춘 상태입니다.

구체적으로, 2000년의 세계 영양부족 비율이 13.0%로 나타나다가 2016년에는 8.3%까지 줄었습니다. 그러나 2014년 이후로는 8%대에서 큰 변동이 없습니다. 비율의 변화가 없더라도 세계 인구의 증가로 인해 실제 영양부족 인구수는 증가한 것이며, 2004년에는 8억 5,100만 명에서 2016년에는 약 6억 1,960만 명으로 변동되었습니다. 참고로, 2020년 코로나19의 영향으로 영양부족 인구수는 7억 6,800만 명, 즉 9.9%로 크게 증가하였습니다.

반면, 비만 비율은 2000년 8.7%에서 2016년 13.1%까지 지속적으로 증가하였습니다. 18세 이상 인구의 증가를 감안하면, 실제 비만 인구는 그 비율보다도 더 크게 증가했습니다. 18세 이상 비만 인구수는 2000년 3억 3,980만 명에서 2016년 6억 7,570만 명까지 거의 두 배로 증가하였고, 아동을 포함하면 이 수치는 더욱 커집니다. 결론적으로, 전 세계적으로 2014년 이후 영양부족 비율은 크게 감소하지 않았으며, 비만 비율은 계속해서 늘어나고 있습니다. 이에 따라, 영양부족과 비만 양쪽 모두 인구수가 증가하고 있는 상황입니다.

세계에 식량은 충분하다

강조하고 싶은 사실은, 전 세계적으로 현재 전체 인구를 먹여 살릴 충분한 식량이 공급되고 있다는 것입니다. FAO의 2020년 데이터(3년 평균)에 따르면, 95개 항목의 주요 식품 공급량에서 세계 평균 칼로리 공급량은 일인당 하루 2,950kcal입니다. 이는 일본의 평균 2,716kcal보다도 높습니다.[1]

하지만 국가별로 큰 차이를 보입니다. 미국의 평균은 하루에 3,786kcal로 높은 반면, 최빈국인 아프가니스탄과 라이베리아는 각각 2,277kcal, 2,147kcal로 낮습니다.

식량 공급의 지역 차이 때문에 영양부족과 비만 분포에도 큰 차이가 나타납니다. 2020년 데이터에 의하면, 전 세계 영양부족 비율은 8.9%이지만, 아프리카는 19.0%, 사하라 이남 아프리카는 21.8% 그리고 남아시아는 14.1%로 더 높습니다. 남아시아의 영양부족 인구는 2억 6,950만 명, 사하라 이남 아프리카는 2억 3,200만 명으로, 두 지역이 전 세계 영양부족 인구의 73.3%를 차지하고 있습니다. 아프가니스탄은 25.6%, 라이베리아는 38.9%로 높았고, 선진국인 미국의 영양부족 비율은 2.5% 미만입니다.

2016년에는 전 세계 비만 비율(18세 이상)이 13.1%였으며, 상위 4개 지역은 북미 35.5%, 중남미 24.2%, 유럽 22.9%, 아프리

…

1 역자 주: FAO의 2020년(3년 평균) 데이터에 따르면, 대한민국의 평균적인 칼로리 섭취량은 2,760 kcal이다.

카 12.8%입니다. 이 4개 지역의 비만 인구는 세계 비만 인구의 약 62.8%를 차지하며, 미국은 36.2%, 아프가니스탄 5.5%, 라이베리아 9.9%, 일본 4.3%의 비율을 보입니다.

가난한 나라에서도 비만은 늘고 있다

의외로 일부 최빈국에서는 영양부족뿐만 아니라 비만 비율도 일본보다 높은 경우가 있습니다.

아프리카는 영양부족과 비만 모두 높은 비율을 기록하는 지역 중 하나입니다. 라이베리아를 예로 들면, 대략 10명 중 4명이 영양부족이고, 10명 중 1명은 비만으로 분류됩니다. 라이베리아는 이러한 현상이 특별히 두드러진 경우는 아니며, 이런 현상은 최근 저소득 국가에서도 빈번하게 발견됩니다. 그 결과, 그림 5-1에서 볼 수 있듯이 영양부족은 감소하는 추세가 아니며 비만은 증가하는 추세입니다.

그럼, 나라의 소득 수준에 따른 영양부족 및 비만 분포와의 관계를 살펴보겠습니다. 표 5-1에서는 세계은행의 기준에 따라 여러 나라를 저소득부터 고소득까지 4개의 소득 그룹으로 분류하고, 그룹별 영양부족과 비만 추이를 정리하였습니다. 그 결과 소득이 높아질수록 영양부족은 감소하고, 비만은 증가하는 경향을 볼 수 있습니다.

	저소득 국가	저·중소득 국가	고·중소득 국가	고소득 국가
영양 부족(2019년)				
비율	28.9%	14.8%	3.9%	2.5%(미만)
인구	2억 740만 명	4억 3,590만 명	1억 1,320만 명	-
비만 (2016년)				
비율	7.3%	7.6%	13.1%	24.3%
인구	2,290만 명	1억 3,350만 명	2억7,720만 명	2억3,140만 명

표5-1 국가의 소득수준별 영양부족과 비만 비율 및 인구수 관계

* 비만 데이터는 2016년이 최신 자료이며, 영양부족 데이터는 2018년부터 2020년까지 3년 평균으로 고소득 국가의 인구수는 보고되지 않았다.

소득이 높아질수록 영양부족 비율은 급격히 감소하지만, 반대로 소득이 낮아질 때 비만 비율의 감소는 크지 않습니다. 결과적으로, 영양부족 비율은 저소득 국가에서 28.9%, 고소득 국가에서는 2.5% 미만까지 11배 이상의 차이를 보이지만, 비만 비율은 고소득 국가에서 24.3%, 저소득 국가에서는 7.3%까지 3배 정도의 차이만 보입니다.

2014년 이후, 저소득 국가에서는 영양부족과 비만 인구 모두 증가하는 추세를 보이고 있습니다. 영양부족 비율은 크게 증가하지 않았지만, 인구는 2014년 1억 5,680만 명에서 2020년 2억 740만 명까지 증가하였습니다. 또한, 비만 비율은 2014년 6.8%에서 2016년 7.3%로 증가했으며, 동시에 해당 인구는 2,000만 명에서

2,290만 명으로 증가하였습니다.

이러한 추세는 저·중소득 국가[2]에서도 확인됩니다. 저·중소득 국가에서 영양부족 인구는 2014년 3억 5,580만 명에서 2020년 4억 3,590만 명으로 증가하였고, 비만 인구 역시 2014년 1억 1,187만 명에서 2016년 1억 3,350만 명으로 증가하였습니다.

영양부족과 비만을 동시에 줄일 수 없을까?

저는 대학원생 시절부터 영양부족과 비만 문제에 관심을 가졌습니다. 2004년경 연구를 시작할 때, 저는 '선진국의 비만인 사람들이 먹은 후 남긴 식량을 개발도상국의 영양부족인 사람들에게 재배분하면 어떨까'라는 생각을 했습니다. 이렇게 한다면 식량의 총 생산량은 그대로 유지하면서 영양부족과 비만을 동시에 해결할 수 있을 것으로 생각했습니다.

하지만 연구를 진행하면서, 식량 시장의 효율성과 관계없이 이런 재배분이 실제로 이루어지기는 어렵다는 것을 깨달았습니다.

당연하게도 시장에서 식량이 공급되는 이유는 이익을 창출하는

…

2 역자 주: OECD/DAC와 세계은행의 분류에 의하면, 2007년도 기준으로 일인당 GNI가 983달러 이상 3,705달러 이하인 국가를 말한다.

가격에 구매할 수 있는 수요가 있기 때문입니다. 따라서, 비만인 사람들이 과식하는 만큼의 식량은 그들이 이익을 내는 가격에 구매할 수 있기 때문에 생산되고 있습니다. 반면, 영양부족인 사람들 대부분은 충분한 식량을 구매할 수 있는 경제력이 부족합니다. 그렇기에, 비만인 사람들이 섭취하는 식량 양을 줄인다 해도, 그만큼의 식량이 영양부족인 사람들에게 공급되지는 않습니다. 결국, 선진국의 비만인 사람들이 섭취하는 양을 줄인다고 해도, 그로 인해 개발도상국의 영양부족인 사람들이 더 많은 식량을 구매할 수 있는 것은 아닙니다. 이에 따라, 시장의 구조 내에서 비만과 영양부족 문제는 별개로 접근해야 한다는 결론에 도달했습니다.

때때로 '선진국의 식품 손실'과 '개발도상국의 식량 부족'을 직접적으로 연결 짓는 이야기를 듣기도 하지만, 실제 상황은 그렇게 단순하지 않습니다. 선진국에서의 식품 손실을 줄이더라도 그 손실된 만큼의 식량이 개발도상국으로 자연스럽게 전달되는 것이 아닙니다. 또한, 이로 인해 개발도상국의 경제나 농업 생산성이 갑자기 향상되는 것도 아닙니다. 결국, 개발도상국의 식량 수입이나 생산은 그대로이며, 식량 부족 문제에 별다른 변화가 일어날 수 없습니다.

다만, 영양부족과 비만을 줄이기 위한 공통된 대책으로 식생활의 개선을 꼽을 수 있습니다. 국제적인 식량 배분 체계를 변경하지 않더라도 각국 국민들의 식생활이 개선된다면, 세계적인 영양부족과 비만 문제도 동시에 해결될 가능성이 있습니다. 그러나 실제로 사람들의 식생활을 바꾸는 것은 상당히 어려운 과제로, 그 어려움의 근본적인 원인 중 하나로 '인간 본성'의 문제가 있습니다. 이에 대한 논의는 8장에서 좀 더 자세히 다루도록 하겠습니다.

식품 손실에는 생선의 가시도 포함될까?

여기서부터는 '식품 손실'에 대해서 더 깊이 살펴보도록 하겠습니다. 먼저 여러분께 질문을 하나 하겠습니다. 생선 가시를 버리는 것은 식품 손실이 될까요? 이에 대한 대답은 '식품 손실은 아니지만, 푸드 로스(food loss)에는 해당된다'입니다. 이 말을 듣고 '무슨 소리지?'라고 생각하셨을 겁니다. 이러한 대답이 가능한 이유는 식품 손실의 정의가 나라나 지역마다 다르기 때문입니다.

일본에서 '식품 손실'이란, '원래는 먹을 수 있음에도 폐기되는 식품'을 가리킵니다. 예를 들어, 음식점이나 가정에서 먹다 남긴 음식, 유통기한이나 소비기한이 지난 식품, 운송 과정에서 포장이 더러워졌거나 파손되어 팔 수 없게 된 식품 등을 말합니다. 한편, 채소 쓰레기, 과일 씨앗, 생선 가시, 달걀 껍데기와 같은 '먹을 수 없는 부분'까지 포함한 폐기되는 식품은 '식품 폐기물'로 불리고 있습니다. 하지만, 이러한 '식품 손실'이나 '식품 폐기물'의 정의는 일본에서만 통용됩니다. 지속가능발전 목표(SDGs)와 같은 국제연합(United Nations)에서 사용하고 있는 푸드 로스 지수에서는 일본과는 달리 폐기되는 식품을 먹을 수 있는 부분과 그렇지 않은 부분으로 구분하고 있지 않습니다. 또한, 식량 공급 시스템 전체에서 식품 폐기를 '푸드 로스(food loss)'와 '푸드 웨이스트(food waste)' 두 가지로 나누고 있습니다.

'푸드 로스'는 식량 공급 체계상에서 상위 부분에서 발생하는 식량 폐기를 의미합니다. 구체적으로는 '농가, 운반 및 저장업체 그리고 가공 및 포장 업자의 결정 또는 행위에 따른 식량의 손실 및 폐기'를 뜻합니다. 반면, '푸드 웨이스트'는 하위 부분에서의 식량 폐기를 가리키며, '소매업자, 외식업체 그리고 가정에서의 결정과 행위에 따른 식량의 손실 및 폐기'를 지칭합니다.

이들 네 가지 용어와 관련된 개념의 관계는 그림 5-2에서 간략하게 나타내었습니다. 그림 5-2에서는 식품의 생산부터 소비까지의 과정을 ① 수확 전, ② 수확, ③ 농장 내 수확 후 처리, ④ 운송 및 저장, ⑤ 가공 및 포장, ⑥ 외식 및 소매, ⑦ 가정 내 소비와 같이 일곱 단계로 구분하고 있습니다.

'푸드 로스'는 ③, ④, ⑤ 단계에서 발생한 식품 폐기를 가리키며, 반면 '푸드 웨이스트'는 ⑥, ⑦ 단계에서의 식품 폐기를 지칭합니다. 일본에서 정의하는 '식품 폐기물'은 ④, ⑤, ⑥, ⑦ 단계에서 발생하며,

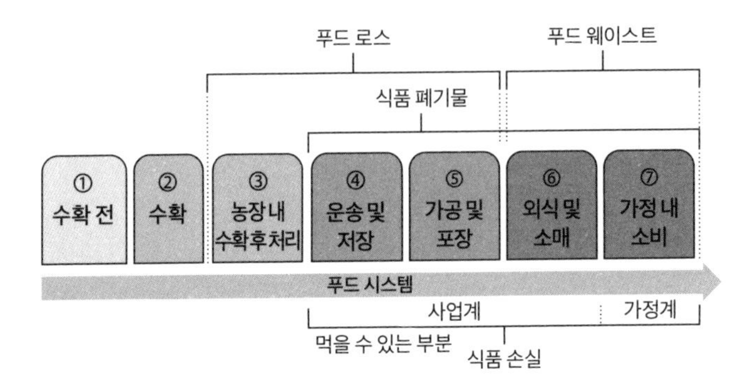

그림 5-2 '푸드 로스', '푸드 웨이스트', '식품 폐기물', '식품 손실'의 관계

이 중에서 실제로는 섭취 가능한데도 버려진 식품이 '식품 손실'로 분류됩니다. 따라서, 일본의 '식품 폐기물'은 '푸드 로스'와 '푸드 웨이스트'를 모두 포함하는 개념이라고 할 수 있으며, '식품 손실'은 그중 일부에 해당합니다. 간단히 말하면, '식품 폐기물'은 '푸드 로스와 푸드 웨이스트의 결합'이라고 볼 수 있지만, 농림수산성(農林水産省)[3]에서 발표하는 데이터에는 '푸드 로스'의 일부만 포함되어 있습니다.

예컨대, 농작물이 풍작으로 생산 과잉이 발생해 농가가 시장에 판매하지 않고 버리는 경우, 이는 '농장에서의 수확 후' 단계에서 발생하는 폐기로, '식품 폐기물'과 '식품 손실'에 포함되지 않지만, '푸

…

3 역자 주: 농림수산성은 일본의 행정기관 중 하나로, 농업, 임업, 수산업과 관련된 업무를 담당한다.

드 로스'에는 속합니다. 반면, 그림 5-2의 ① 단계에서 병충해에 의한 피해나, ② 단계의 수확 중에 발생하는 손실은 어느 정의에도 포함되지 않습니다. 그렇지만, 이러한 단계에서의 손실을 줄이는 것이 중요한 것은 분명합니다.

이러한 정의와 기준의 차이로 인해 일본과 다른 국가 간의 식품 손실 데이터를 직접적으로 비교하기는 어렵습니다. 이를 감안하여 앞으로는 일본 내에서와 세계적인 식품 손실 상황을 각각 따로 조사하고 분석할 예정입니다.

버려지는 식량들

먼저, 일본의 식품 폐기 상황을 살펴보겠습니다. 농림수산성의 자료에 따르면, 2018년도의 식품 폐기물 총량은 약 2,531만 톤이었고, 이 중 약 600만 톤이 식품 손실로 추정되고 있습니다. 같은 해, 일본에서 출하된 식량의 총량은 약 8,330만 톤이었기 때문에, 식품 폐기물은 전체 출하량의 약 30%, 식품 손실은 약 7%를 차지하며 나머지 식품 폐기물이 약 23%를 차지합니다.[4]

…

4 역자 주: 2020년 기준, 대한민국의 일인당 하루 식품 폐기량은 407g로, 연간 식품 폐기량은 548만t, 처리 비용은 1조 960억 원에 달한다.

이 600만 톤의 식품 손실을 인구로 나누면 한 사람당 연간 약 47kg의 식품이 손실되는 것으로 나타납니다. 이런 양은 한 사람이 연간 소비하는 빵의 양과 비슷한데, 이는 총무성(総務省)[5]의 데이터에 따르면 2017년부터 2019년까지의 빵의 평균 연간 소비량이 한 사람당 약 45kg이었기 때문입니다. 그리고, 2018년에는 한 사람당 연간 쌀 소비량이 약 54kg이므로, 식품 손실의 양은 이보다 조금 적은 것으로 계산됩니다.

일본에서는 식품 손실을 '사업계 식품 손실'과 '가정계 식품 손실' 두 가지로 나눕니다. 그림 5-2에 따르면 '사업계 식품 손실'은 ④운반/저장, ⑤가공/포장, ⑥소매/외식 단계에서 섭취할 수 있지만 폐기되는 식품을 가리키며, 반면 '가정계 식품 손실'은 ⑦가정 소비 단계에서 섭취할 수 있는데도 버려지는 식품을 지칭합니다. 그리고, 이러한 분류는 지속가능발전 목표에서의 정의와는 조금 다릅니다.

'식품 손실' 내역을 살펴보면, 사업계에서의 식품 손실은 약 326만 톤이며, 가정계에서의 식품 손실은 약 276만 톤입니다. 발생 장소별로 구체적으로 나누어 보면, 식품 제조업은 126만 톤, 식품 도

…

5 **역자 주**: 일본의 국가 행정 및 국민 생활의 기반 시스템을 담당하는 중앙 부처로서 행정 조직 및 운영, 지방 행정 및 재정, 선거, 소방 방재, 정보 통신, 우정(郵政)사업, 통계 업무 등을 관장하고 있다. 우리나라의 행정안전부와 유사한 지위와 기능을 가진다.

매업은 16만 톤, 식품 소매업은 66만 톤, 외식산업은 116만 톤, 일반 가정은 276만 톤입니다. 여기서, 일반 가정에서의 식품 손실량이 가장 많습니다. 사업계에서는 외식산업의 식품 손실이 가장 크게 나타납니다. 시간의 흐름에 따라 보면, 2012년에는 식품 손실량이 약 642만 톤이었으나, 그 이후 6년 동안 약 42만 톤 감소하였습니다. 구체적으로 살펴보면, 사업계의 식품 손실은 331만 톤에서 324만 톤으로 감소하였고, 가정계의 식품 손실은 312만 톤에서 276만 톤으로 감소한 것으로, 가정계의 감소폭이 더 큰 것을 확인할 수 있습니다. 사업계에서는 식품 제조업의 식품 손실이 11% 감소하였지만, 다른 부문에서는 크게 변동이 없거나 조금씩만 감소하였습니다. 특히 외식산업에서는 식품 손실량이 크게 나타나고 있어, 앞으로 개선이 필요하다고 볼 수 있습니다.

세계의 식품 손실 유형

전 세계적인 상황도 간략히 살펴보겠습니다. 국제연합의 데이터를 기반으로 '푸드 로스'와 '푸드 웨이스트'를 구분하였습니다. 전체 식량 공급 시스템에서의 손실을 볼 때, 개발도상국에서는 주로 '푸드 로스' 비율이 크며, 선진국에서는 '푸드 웨이스트' 비율이 큰 편입니다.

'푸드 로스'를 평가하기 위해 FAO가 개발한 '푸드 로스 지수

(Food Loss Index)'를 참조하며, '푸드 웨이스트'를 평가하기 위해서는 국제연합환경계획(UN Environment Programme, UNEP)에서 개발한 '푸드 웨이스트 지수(Food Waste Index)'를 참조합니다. 그러나 이 두 지표는 사용된 국가나 데이터의 시기, 공개 형식 등에서 차이가 있어 직접 비교가 어렵습니다.

FAO의 '푸드 로스 지수'에 따르면, 2016년에는 전 세계적으로 농장에서 수확 후 가공 및 포장 과정에서 약 13.8%의 식량이 손실되었습니다. FAO는 이를 여러 지역으로 분류하여 지표를 제시하고 있습니다. 이에 따르면, 중앙아시아와 남아시아에서의 식량 손실률이 20~21%로 가장 높으며, 북미와 유럽이 15~16%로 그 뒤를 이었습니다. 반면, 호주와 뉴질랜드에서는 5~6%로 가장 낮았고, 동아시아와 동남아시아에서는 손실률이 7~8%로 나타났습니다.

특이한 점은, 사하라 이남 아프리카와 같이 소득 수준이 상대적으로 낮은 지역의 손실률이 13~14%로 특별히 높거나 낮지 않다는 것입니다. 이러한 지역별 손실률의 차이는 수확 후의 운송, 가공, 저장 기술의 발달 정도와 더불어 식생활의 차이가 영향을 미칩니다. 특정 작물, 예를 들어 아프리카에서 주로 소비되는 카사바(Cassava)[6]는

…

6 역자 주: 열대지방에서 재배되는 작물이며, 고구마처럼 길쭉한 형태의 덩이뿌리 식물이다. 사하라 이남 아프리카 지역에서는 주식으로 소비되고 있다.

상하기 쉬운 특성이 있으므로, 사하라 이남 아프리카에서의 식량 손실률이 상대적으로 높을 수 있습니다.

다음으로 UNEP의 '푸드 웨이스트 지수'를 이용하여 소매, 외식 및 가정 소비 단계에서의 식량 손실을 살펴보겠습니다. UNEP는 각 국가의 소득 수준별로 4개의 그룹을 설정하고, 이들 그룹별로 일인당 연간 식량 손실량의 추산치를 공개하고 있습니다. 더불어, 제공된 데이터 특성상, 이들 그룹을 세 부분으로 나누어 각 발생 장소별로 추산하였습니다. 이를 통해 일본 추산치와의 비교도 가능해졌습니다.

표 5-2에는 UNEP의 추산치와 그와 대응하는 일본의 식량 손실량 추정값을 정리하였습니다. 그러나 사용된 국가의 데이터 수가 제한적이므로 국제적으로 비교하기 위해서는 아직 더 많은 데이터가 필요합니다. 특히 저소득 국가 그룹에서는 모든 발생 장소에 대한 데이터가 누락되어 있어, 해당 추산치는 전혀 공개되지 않았습니다.

(kg/1인/년)

	가정 소비	외식 산업	소매업
고소득 국가	79kg(28개국)	26kg(18개국)	13kg(20개국)
고·중소득 국가	76kg(12개국)	데이터 부족	
저·중소득 국가	91kg(10개국)	데이터 부족	
일본	60kg	17kg	10kg

표 5-2 일인당 연간 평균 식량 손실량

그럼에도 불구하고 이 데이터에서 몇 가지 흥미로운 점을 발견할 수 있습니다. 특히, 가정에서의 식량 손실량은 국가의 소득 수준과는 크게 연관되지 않는다는 것입니다. 고소득 국가와 저·중소득 국가 간에 소득 차이가 3배에서 12배에 이르지만, 가정에서의 식량 손실은 오히려 저소득 국가에서 15% 더 높게 나타났습니다. 또한, 일본의 일인당 식량 손실량은 세계 평균에 비해 상당히 적습니다. 가정에서의 손실량은 모든 소득 그룹과 비교해도 20% 이상 줄어들었습니다. 더욱이, 고소득 국가 그룹의 외식 및 소매업에서의 손실량에 비해서 일본의 손실량은 24~35%까지 낮게 나타났습니다.

일본과 고소득 국가 그룹 간에 발생하는 식량 손실량의 비율은 크게 차이 나지 않습니다. 두 국가 모두 가정 소비에서의 손실률이 66~68%로 가장 높게 나타났고, 이어 외식산업에서의 손실률이 19~22%로 그 뒤를 이었습니다. 이러한 유사성은 일본이 고소득 국가 중 하나로서 식품 시스템의 구조가 여타 고소득 국가 그룹과 비슷하기 때문으로 해석됩니다.

식품 손실 줄이기는 누구를 위한 것일까?

지금까지의 내용을 읽으면서 많은 식량이 낭비되고 있다는 것을 인식하셨을 겁니다. 특히 일본에서만 약 600만 톤의 소비 가능한 식품이 버려진다는 사실을 듣고 '아까워'하실 분도 많을 것입니다. 그리고 식품 낭비가 '아까워서' 줄여야 한다고 생각하는 것은 자연스러운 반응입니다.

하지만 이뿐만 아니라, 식품 손실을 줄여야 할 이유는 크게 세 가지를 들 수 있습니다. 또한, 여기서 중점적으로 고려하는 대상도 달라집니다.

첫 번째는 푸드 시스템의 효율성을 높이는 것입니다. 이는 식품의 생산부터 소비 과정에서의 낭비를 최소화하기 위한 목적이며, 현재 세대를 위한 것입니다. 아깝다는 감정 역시 이 부분과 연관되어 있습니다. 낭비의 예로는 버려진 식품의 생산이나 유통 과정에서 사용된 물과 자원의 낭비, 식품 손실 처리를 위한 세금 사용, 식품 폐기물 소각 과정에서의 발전 효율 감소 등이 있습니다. 가정에서의 식품 손실은 소비자가 직접 구입한 식품이므로, 이를 줄이면 불필요한 지출도 줄일 수 있습니다. 결국, 푸드 시스템의 낭비를 감소시키면 사회 전체의 불필요한 자원 사용과 지출을 줄일 수 있습니다.

두 번째는 지속 가능성의 개선입니다. 이는 미래의 식량 생산에 필요한 자연 자원을 보다 효율적으로 활용하고자 하는 취지에서, 주로 다음 세대를 위한 것입니다. 버려지는 식량의 생산량을 줄이면 온실가스(Greenhouse Gas, GHG) 배출 감소와 수자원 절약이

가능해집니다. 예를 들면, 햄버거 하나를 생산하지 않으면 대략 물 3,000L를 절약할 수 있다고 합니다. 이유는 햄버거 제조에 사용되는 소고기를 생산하려면, 즉 소를 키우기 위해 상당량의 물이 필요하며, 그 과정에서 많은 온실가스가 배출되기 때문입니다.

세 번째는 식량 안전 보장을 개선하는 것입니다. 이는 식량 부족에 직면한 국가에서 식량 공급량을 증가시키기 위한 목적이며, 주로 현재와 미래의 개발도상국의 주민들을 위한 것입니다. 개발도상국에서는 식품 손실(또는 푸드 로스)의 대부분이 수확 후부터 소매점까지 도달하는 과정에서 발생합니다. 이러한 국내에서의 식품 손실을 감소시키면, 생산된 식품의 양은 동일하더라도 소비자에게 도달하는 식품의 양을 증가시킬 수 있습니다.

한 가지 여러분께 알려 드리고 싶은 점은, 식품 손실을 줄이더라도 모든 사람이 이로부터 이익을 얻는 것은 아니라는 것입니다. 식품 손실을 감소시키려면 그에 따른 비용이 발생하며, 그 비용을 누군가는 부담해야 합니다.

예컨대, 가정에서 식품 손실을 줄이면 식품 지출이 감소하겠지만, 그로 인해 해당 식품의 판매량이 줄어들 수 있습니다. 이렇게 되면 해당 식품을 생산하는 사람이나 기업의 수익이 감소하게 됩니다. 또한, 식품 손실을 처리하거나 재활용하여 수익을 창출하는 기업도 손실을 입을 수 있습니다.

게다가 식품 손실을 재활용하는 과정에서는 추가적인 비용과 자원이 필요하게 됩니다. 예를 들면, 음식점이나 슈퍼마켓에서 폐기되는 식품을 퇴비나 사료로 활용하는데, 이러한 활동을 위해서는 처리 시설까지의 운반과 재활용 과정이 필요하며, 이에 따라 추가적인 비용과 연료가 소모됩니다. 이와 같은 추가적인 비용은 세금으로도 충당될 수 있어, 결국 누군가가 이 비용을 부담하게 됩니다.

식품 손실은 왜 없어지지 않을까?

식품 손실을 완전히 없애는 것은 불가능합니다. 만약 강제로 없애려 해도, 그러한 조치가 사회에 반드시 바람직하다고 볼 수 없습니다. 다시 말해서, 식품 손실을 지금보다는 줄일 수 있다고 생각하지만, 완전히 없애는 것은 불가능합니다.

이러한 견해에는 이유가 있습니다. 4장에서 언급했듯이, 식량 생산은 기후에 크게 의존하며, 재배 기간이 길다 보니, 공업 제품처럼 세밀하게 생산량을 조절하기는 어렵습니다. 또한, 일부 식품은 장기간 보존하기도 어렵습니다. 그리고 사람이 한 번에 먹을 수 있는 식품의 양에도 한계가 있습니다. 그렇기 때문에, 기후변화나 병충해, 풍작 등의 이유로 발생하는 식품 손실을 완전히 없애는 것은 거의 불가능합니다.

자연의 순리를 무시하고 식품 손실을 완전히 제거하려 한다면, 사회에 큰 왜곡이 생길 수 있습니다. 극단적으로, 특정 해의 식량 수확량을 기준으로 사람들의 섭취량을 제한한다면, 식품 손실은 없앨 수 있을지 모르나, 먹고 싶은 음식을 먹을 수도 없고, 음식을 버리는 행위가 용서받지 못할 것입니다.

식품 손실을 재활용하는 방법도 있습니다. 그러나, 식품 손실 감소의 주된 목적이 재활용이 된다면, 사회적으로 자원이 낭비될 위험이 있습니다.

핵심은 재활용 제품에 대한 수요입니다. 식품 손실을 이용하여 재활용 제품을 만들었더라도, 충분한 수요가 없으면 해당 제품은 버려지게 되고, 그에 따라 재활용에 사용된 자원도 허사가 됩니다.

식품 손실을 퇴비화하는 것도 이러한 위험성을 가지고 있습니다. 각 가정에서 생긴 음식물 쓰레기를 퇴비로 활용하는 것은 문제가 없겠지만, 대규모로 식품 손실을 퇴비화하면, 이에 상응하는 큰 수요가 필요하게 됩니다.

더욱이, 전업농가들은 토양 조건에 따라 비료의 성분을 정밀하게 조절하는 시설을 갖추고 있습니다. 그러므로, 음식점이나 슈퍼마켓에서 발생하는 불특정하고 불순물이 포함될 수 있는 식품 손실을 퇴비로 활용하게 되면, 농가에서 사용하기에는 적절하지 않은 품질이 됩니다. 식품 손실을 분리하여 고품질의 퇴비를 만드는 것은 가능하겠지만, 이 과정에서 발생하는 비용은 폐기 처리 비용보다 더 클 수도 있습니다.

따라서, 소비자가 남긴 식품이 퇴비로 변환된다면 '낭비를 줄였다'라고 느낄 수 있겠지만, 그것이 반드시 사실이라고는 할 수 없습니다. 수요가 없는 상황에서 퇴비를 대량 생산한다면, 그저 '폐기될 식품'이 '사용되지 않는 퇴비'로 변하는 것에 지나지 않으며, 재활용 과정에서 자원이 낭비될 가능성도 고려해야 합니다.

이를 방지하기 위해서는 '먹다' 측과 '식량을 생산'하는 측이 서로의 필요성을 잘 이해하고, 퇴비로 활용하는 방법뿐 아니라 다양한 방안들을 세밀하게 검토해야 합니다. 또한, 재활용 과정에서 발생하는 비용을 줄이는 기술 개발도 필요하다는 점을 강조하고 싶습니다.

자연적인 변화를 제외하고 단순히 식량 시장의 구조만을 개선하려 해도 식품 손실을 완벽히 줄이기는 어렵습니다. 이는 2장에서 설명한 것처럼 현재의 식량 시장이 글로벌화와 분업화에 따라 복잡하게 진행되고 있기 때문입니다. 이러한 글로벌화와 분업화는 식품의 운송 거리와 저장 시간이 늘어나고, 더 다양한 식품 가공 공정이 생긴다는 것을 의미합니다. 특히, 식품이 쉽게 상하는 성질도 문제입니다.

구체적으로 살펴보면 식품의 운송 거리와 저장 시간이 길어짐에 따라 상하여 가치를 잃는 식품의 비율이 증가하게 되고, 많은 가공 과정에서는 각 공정에서의 실수나 규격에서 벗어나는 등의 이유로 폐기되는 식품이 발생합니다. 식빵의 모서리와 같이 원래는 먹을 수 있으나 가공 후 필요 없어져 버려지는 부분을 예로 들 수 있습니다.

더욱이, 식품은 상하기 쉬우며, 상한 식품은 건강을 해칠 수 있습니다. 그렇기 때문에 현대의 식량 시장에서는 소비자를 보호하기 위해 식품의 유통기한 및 소비기한 설정이 필요합니다. 판매자 측에서는 어떠한 건강 문제도 발생시키고 싶지 않기 때문에 유통기한 및 소비기한을 안전하게 먹을 수 있게 설정합니다. 결과적으로 유통기한이 하루만 지나도 팔리지 않은 식품은 그것이 아직 먹을 수 있음에도 폐기되는 경우가 많습니다.

6장

시장의 실패로 일어나는 문제점

6장에서는 '식량 시장의 한계로 인한 문제' 중에서 특히 '시장 실패로 인한 문제'를 살펴보겠습니다. 이를 구체화하여 '식품의 안전성 및 식품 사기' 그리고 '육식과 환경'에 관한 문제를 살펴볼 예정입니다.

식품 안전성과 식품 사기 문제

식품의 안전성이 보장되지 않는 일이나 식품 사기는 사회적으로 큰 문제가 됩니다. 즉, 식품의 안전성과 식품 사기 문제가 발생하지 않는 것이 식량 시장에서 바라는 가장 이상적인 상황이라 할 수 있습니다. 그렇지만 현실에서는 이런 문제들이 계속해서 발생하고 있습니다. 그렇다면 원인이 무엇일까요? 먼저 과거의 몇 가지 사례를 살펴보고, 그 원인을 함께 탐색해 보겠습니다.

✶ 소해면상뇌증 문제

식품 안전성 문제 중 가장 먼저 생각나는 것은 2000년대 초 큰 화제가 되었던 소해면상뇌증(牛海綿状脳症, BSE), 일명 '광우병'입니다. BSE는 소에게 치명적인 질병으로, 사람에게 전염될 가능성 때문에 소고기의 안전성이 큰 관심을 받았습니다.

1985년에 영국에서 처음 BSE가 발견되었을 때는 영국 특유의 소 질병으로 여겨졌습니다. 그러나 이후 BSE 발병은 이탈리아, 네덜란드, 독일, 프랑스 등 여러 EU 국가에서도 보고되었습니다. 이 질병의 원인은 반추동물[1]의 육골분을 소에게 급여하는 것에서 시작된 것으로 밝혀졌습니다. 그 결과, 1988년에는 영국에서 육골분의 사용이 중단되었고, 1990년에는 EU 국가들로의 육골분 수출이 금지되었습니다. 이러한 제한에 따라 육골분은 주로 스위스, 동유럽, 중동, 아시아로 수출되었으며, 일본 역시 그 수입국 중 하나였습니다.

원래라면 일본도 EU와 같이 육골분 사용을 금지해야 했습니다. 그러나 당시 일본 정부는 BSE를 외부의 문제로만 보고 위험성을 과

…

1 역자 주: 되새김 동물이라고도 한다. 한번 삼킨 먹이를 되새김질하여 씹는 특성을 가지고 있다. 소, 양, 낙타, 기린 등이 여기에 속한다.

소평가하였습니다. 사료 부족으로 인한 국내 축산업의 영향을 우려하며 육골분의 수입을 계속하였습니다. 그러나 2001년 9월, 일본 지바현에서 BSE로 의심되는 소가 발견되었습니다. 농림수산성이 이와 같은 사실을 발표하자 대중매체에서 크게 주목받아 소고기에 대한 불안감이 증폭되었고, 일부 지역에서는 소고기 소비가 50%에서 30%로 급감하였습니다. 이에 따라 일본 정부는 10월에 소의 전수 검사를 시작하였으며, 소고기와 관련된 기업들의 손실을 보상하기 위해 '국산 소고기 매입제'를 도입하였습니다. 이는 BSE 문제로 인해 전량 처리되지 않은 국산 소고기를 국가가 전부 매입하여 처리하는 제도였습니다. 그러나 이후 이 제도가 새로운 식품 사기 사건의 원인이 되었다는 것은 뒤에서 자세히 다루도록 하겠습니다.

여담으로, BSE는 원래 '광우병'이라는 명칭으로 불렸습니다. 그러나, 이 이름이 부정적인 인상을 주어 악성 루머의 원인이 되기도 했기 때문에, 2001년 12월 이후 신문이나 텔레비전에서는 'BSE'라는 용어를 사용하기 시작했습니다.

일본에서 발생한 BSE는 일본 내 식품 품질에 대한 행정의 관점을 식품 위생에서 식품 안전으로 전환시켰습니다. 이에 따라, 2003년에 식품안전기본법이 시행되었습니다. 그 후로도 세계에서는 BSE 발생이 여러 번 확인되었으며, 국제수역사무국(Office of International Epizootics, OIE)[2]에 따르면 2018년까지 BSE가 발생한 나라는 총 26개국입니다.

특히 2003년에 미국에서 BSE 발생이 확인됐을 때, 일본에 큰 영향이 있었습니다. 그때의 일본 정부는 BSE의 위험성을 충분히 인지하고 있었기 때문에 미국산 소고기 및 소고기 제품의 수입을 즉각 중단하였습니다. 이 결정으로 일본의 규동 업계 등은 크게 타격을 받았습니다. 그럼에도 불구하고 현재는 세계적으로 고도의 방역 대책이 시행되고 있어, BSE 발생은 거의 보고되지 않고 있습니다.

✶ 유키지루시(雪印) 그룹에 의한 일련의 사건

유키지루시 그룹에 의한 식중독 및 식품 사기 사건은 대기업이 반복적인 문제를 야기했다는 점에서 강한 인상을 남겼습니다.

1955년에는 유키지루시 유업이 큰 식중독 사건을 일으켰습니다. 홋카이도의 야쿠모 공장에서 탈지분유(우유에서 유지방분을 제거하여 분말 형태로 만든 것) 제조 중 기계의 고장과 정전으로 인해 장시간 방치된 원료유와 반농축유가 황색포도상구균[3]으로 크게 오염되었

…

2 역자 주: 현재는 '세계 동물 보건 기구(World Organisation for Animal Health, WOAH)'이다.

3 역자 주: 인간이나 동물의 피부, 소화관에 상재하는 포도상 구균의 하나로 인간에게 농양 등 다양한 표피 감염, 식중독, 폐렴, 수막염, 패혈증 등을 일으키는 원인균이다.

습니다. 이 오염된 탈지분유가 도쿄의 9개 소학교에서 사용되어 총 1,579명의 피해자가 발생하였습니다.

그 후, 2000년에도 유키지루시 유업은 비슷한 식중독 사건을 일으켰습니다. 홋카이도의 다이키 공장에서 탈지분유 제조 도중 정전이 발생하였고, 이로 인해 원료가 황색포도상구균에 오염되었습니다. 오염된 원료는 폐기되어야 했지만, 오염된 원료를 재사용하여 탈지분유를 제조하고, 오사카 공장으로 출하하였습니다. 이로 인해 오염된 탈지분유가 저지방유 등의 제품에 사용되어 식중독이 발생하였습니다. 유키지루시 유업의 대응은 느렸고, 제품 회수나 소비자에 대한 안내도 지체되었기 때문에, 최종적으로 피해자 수는 1만 3,420명에 달했습니다. 1955년의 식중독 사건을 통한 반성과 교훈을 얻지 못하고, 2000년에 더 큰 규모의 사건이 발생한 것은 대단히 불미스러운 일이었습니다.

더욱이, 2002년에는 유키지루시 식품 주식회사가 앞서 언급한 BSE 피해의 구제책인 '국산 소고기 매입제'를 악용하는 사실이 내부고발로 드러났습니다. 이들은 30톤 이상의 호주산 소고기를 국산으로 라벨링하여 정부에 판매했습니다. 신뢰를 잃은 유키지루시 식품의 매출은 급감하였고, 결국 회사는 폐업 및 해산하게 되었습니다. 비슷한 사기 행위는 닛폰햄 그룹 등 다른 회사에서도 발생하였고, 이로 인해 고기를 취급하는 업계의 신뢰도가 크게 훼손되었습니다.

식품 사기는 그럼에도 계속된다

이후에도 식품의 안전성과 식품 사기 문제는 지속적으로 발생하고 있습니다.

2007년에는 특히 식품 사기가 빈번히 발각되어, 이를 '식품 사기의 해'라고 해도 과언이 아닙니다. 유명한 노포 양과자 제조사인 후지야에서 소비 기한을 초과한 우유와 달걀을 사용하여 케이크를 제조한 사실이 밝혀지면서 시작되었습니다. 그 뒤로 홋카이도 도마코마이시의 미트호프사의 소고기 사기, '시로이 고이비토(白い恋人)'라는 과자로 유명한 이시야 제과의 상미기한(賞味期限)[4] 조작, 이세지방의 명물 아카후쿠모찌의 소비기한 조작, 노포 고급 요리점 센바킷쵸의 원산지 및 상미기한 조작, 잔반의 재활용 등 다양한 식품 사기가 연이어 발각되었습니다.

특히 미트호프사의 소고기 사기는 매우 악질적인 것이었습니다. 소고기에 돼지고기, 닭고기, 양고기, 오리고기, 토끼고기 등을 섞어 '100% 순수한 소고기'로 속여 판매하였습니다. 더불어 전국의 남는 고기를 저렴하게 모아서 부패한 부분을 제거하고, 원래 버려

…

4 역자 주: 일본에서는 유통기한을 거의 상미기한(賞味期限)으로 표기하는 것이 일반화되어 있다. 양식은 한국의 유통기한과 비슷하게 서력기원을 기초로 하는 날짜를 새긴다.

지는 부위 등을 이용하여 간 소고기를 제조하고 판매하였습니다.

더욱 놀라운 것은, 이러한 식품 사기가 20년 이상 계속되면서 2007년에야 내부 고발을 통해 드러났다는 사실입니다. 이렇게 보니, 미트호프사의 문제만이 아닌, 전체 업계의 근본적인 문제점을 확인할 수 있습니다.

다음 해인 2008년에도 미카사푸드가 허용량을 초과한 잔류 농약이나 발암성 물질을 함유한 곰팡이에 오염된 쌀을 공업용으로 저렴하게 구매하여 식용으로 부정 전매한 사건(事故米不正転売事件)이 발각되었습니다. 이런 행위는 10년 이상 지속되었고, 2008년에 농정국(農政局)[5]의 조사를 통해 처음으로 드러났습니다. 이 사건에서 부정 전매된 쌀을 구매한 곳은 알려진 것만으로도 29개 지역의 식품 가공회사, 주조회사, 제과회사 등 총 375곳에 달했습니다.

왜 식품 사기는 반복될까?

식품 안전성과 식품 사기에 관한 사건은 끊임없이 발생하고 있습

…

5 역자 주: 농림수산성의 지방행정조직이며 주로 식량생산과 식품안전성, 농업행정에 관련된 업무를 담당한다.

니다. 현재 여러분이 이 책을 읽는 순간에도, 식품과 관련된 다양한 뉴스에서 보도되고 있을 것입니다.

그렇다면 왜 시간이 흘러도 이런 문제는 계속되는 것일까요? 이유는 간단합니다. 부정행위를 발견하기 어렵기 때문이며, 그 부정행위가 드러나지 않으면 계속 이득을 볼 수 있기 때문입니다. 실제로, 오랫동안 숨겨진 부정행위가 내부 고발에 의해 드러나는 경우가 많습니다. 이는, 외부에서 그 문제를 인지하기가 굉장히 어렵다는 것을 의미합니다. 이러한 부정행위가 드러나지 않는 이유는 '식품의 특성'과 '시장 구조' 때문입니다.

자세히 설명하면, 식품 안전성과 식품 사기는 겉으로 보기에 판별하기 힘들다는 특징이 있습니다. 예를 들면, 슈퍼마켓에서 팔고 있는 소시지에서 '어떤 고기가 어느 정도 들어 있는지' 또는 '어떤 화학물질이 들어 있는지'를 확인하는 것은 거의 불가능합니다.

또한, 식품의 가공도가 높아질수록 이 판별이 더욱 어려워집니다. 예를 들어, 스테이크처럼 잘린 고기는 간 고기보다 그리고 간 고기는 가공된 소시지보다, 가공된 소시지는 컵라면 안의 사각형 가공육보다 원재료를 판별하기 쉽습니다.

여담이지만, 닛신식품은 주력 상품인 컵누들(Cup Noodle)에 들어가는 가공육(일명 수수께끼 고기)을 '돼지고기와 닭고기 베이스에, 대두에서 추출한 원재료와 채소를 혼합하여 양념한 간 고기'라고

발매 46주년인 2017년에 처음으로 공개했습니다. 그러나 구체적인 원재료의 비율은 아직도 미스터리로 남아 있습니다.

식품의 이런 특성 외에도, 상황을 더 복잡하게 만드는 것은 시장에서 식품 정보를 갖고 있는 쪽이 '파는 사람'이라는 점 때문입니다. 구매자는 판매자가 제공하는 정보만을 믿을 수 있기 때문에, 이 둘 사이에는 큰 정보 격차가 있습니다. 이것은 시장에서 판매자에게 유리한 상황을 초래하며, 이를 경제학에서는 '정보의 비대칭성'이라고 합니다. 반면, 구매자 측에서는 식품 정보의 신뢰성이 떨어지면 해당 식품을 피하게 됩니다. 실제로 부정행위가 있었는지 여부와는 무관하게 이런 현상은 관련된 모든 식품의 가격 하락을 초래합니다. 예를 들면, 영국에서 진행된 소비자 실험에 따르면, 식품 사기가 의심될 때 '진짜라고 보증된 생선 살'과 비교하여 '보증되지 않은 생선 살'의 가격이 평균적으로 7.1%에서 16.7%까지 하락하는 것으로 나타났습니다.

한 번이라도 식품에 관한 부정행위가 드러나면, 해당 식품을 취급하는 전체 업계의 신용이 손상되어, 부정행위와 직접적인 관계가 없는 판매자마저 피해를 입게 됩니다. 상품을 회수하거나 폐기할 경우에는 손실은 더욱 커집니다. 앞서 언급한 유키지루시 그룹의 식중독 사건과 소고기 사기 사례가 바로 그러한 예시입니다.

이러한 시장 상황은 경제학적으로 효율적이지 않습니다. 왜냐하면 식품 안전성과 식품 사기 문제를 해결함으로써, 생산자와 소비자 등 시장 참여자들의 상황을 개선할 수 있기 때문입니다. 그러나, 시장 구조만으로 이 문제를 완전히 해결하는 것은 구조적으로 어렵기 때문에, 다양한 법 규제와 검사 체제를 통한 보완이 필요합니다.

육식 소비와 환경의 관계

지금까지 식육(食肉)에 대해 깊게 다루었습니다. 사실, 식육 시장은 소비자의 만족도와 생산자의 이익 측면에서 보면, 상당히 잘 작동하고 있다고 볼 수 있습니다. FAO의 데이터에 따르면, 소고기, 돼지고기, 닭고기의 전 세계 공급량은 2000년 약 2.1억 톤에서 2018년에는 약 3.2억 톤으로 증가하였고, 2050년에는 약 4.3억 톤에 이를 것으로 예측되고 있습니다.

그러나 환경적 영향을 고려하면, 이는 사회적으로 바람직한 상황이 아닙니다. 이 문제를 '식량 생산'과 '먹다'의 두 가지 관점에서 접근해 보겠습니다.

우선 '식량 생산'을 하는 시점에서 축산에 의한 환경문제에 주목하겠습니다. 그다음으로 '먹다'의 관점에서 소비자의 인식이 실제 영향과는 크게 어긋나 있는 문제에 대해서도 살펴보겠습니다.

✶ 축산과 온실가스

먼저, 온실가스에 관해 알아보겠습니다.

1990년 이후로 농업 생산에서 발생하는 온실가스 배출량은 줄어들고 있으며, 전체에서 차지하는 비율도 1990년의 29.8%에서 2017년에는 19.8%로 감소하였습니다. 그러나, 이 배출량은 차, 열차, 비행기, 선박 등의 운송 수단에 의한 온실가스 배출량(전체 약 17%)보다도 큽니다. 본문에서는 농업 생산 중에서도 특히 축산에 의한 온실가스 배출량에 주목하겠습니다.

온실가스라고 하면 대부분 이산화탄소를 떠올릴 수 있지만, 메탄, 아산화질소, 염화플루오린화탄소[6]도 포함됩니다. 축산에서는 특히 메탄과 아산화질소의 배출 비중이 큽니다. 메탄은 이산화탄소보다 28배의 온실효과를 유발하며, 대기에서의 잔류 시간(대기 수명)이 약 10년으로 짧습니다. 그 결과, 상대적으로 단기간(약 20년) 내에 그 영향을 줄일 수 있다는 점에서 주목받고 있습니다.

농업 생산 종류별 온실가스 배출량을 보면, 축산이 약 31%로 가장 큰 부분을 차지합니다. 소와 같은 가축이 사료를 소화하고 발효

…

6 역자 주: 흔히 프레온 가스로 알려진 물질로 지상에서 배출되는 화학물질이 성층권으로 올라가 오존을 파괴하는 물질 중 하나가 염화플루오린화탄소이다. CFC-11과 CFC-12의 두 종류가 있는데 우리 생활의 도처에서 매우 요긴하게 사용하고 있다.

할 때나, 비료 사용으로 인한 메탄과 아산화질소의 배출이 크게 작용합니다.

축산 내에서도, 소고기 생산이 15%, 우유 생산이 5%로, 소의 사육에 의한 배출량이 전체 축산 배출량의 약 3분의 2를 차지합니다.

그 외, 돼지고기는 2%, 닭고기는 1%의 배출량을 보이는데, 이는 소가 되새김질을 하며 소화 과정에서 많은 메탄을 배출하기 때문입니다. 버펄로, 산양, 양도 되새김질을 합니다. 이들 동물의 식육 생산량은 돼지고기의 6분의 1 이하이지만, 온실가스 배출량은 돼지고기 배출량의 약 3배(6%)에 달합니다.

✶ 대량의 물을 소비하는 축산

축산과 물의 문제를 살펴보겠습니다. 우선 지구의 수자원은 고정되어 있는 반면, 인구는 계속해서 증가하고 있어, 물 부족 문제가 점점 심각해지고 있다는 점을 기억해야 합니다. FAO의 데이터에 따르면 현재 약 12억 명의 사람들이 심각한 물 부족 상황에 직면해 있습니다. 2100년경에는 인당 사용 가능한 물의 양이 현재보다 약 17% 감소할 것으로 예상됩니다.

이런 상황에서 특히 주목받는 것은 식량 생산에 필요한 물의 양입니다. 전 세계의 강수량, 즉 민물의 원천은 약 11만 1,000km^{3}로, 이 중 약 65%는 그린워터(토양에 스며든 물)이고, 약 10%는 블루워터(강, 호수, 지하수)입니다. 이 블루워터 중 약 10%만이 인간의 활동에 사용되고 있습니다. 전 세계 물의 총사용량 중 70% 이상이 식량과 사료의 생산에 사용되며, 2050년까지 세계 인구를 먹여 살리기 위해서는 농업 생산량을 약 70% 늘려야 하며, 이에 따라 농업에서 사용하는 물의 비율도 약 90%까지 증가할 필요가 있다고 보고 있습니다.

농업 생산 중에서도 물 사용량이 큰 부분을 차지하는 것이 바로 축산입니다. 이에 대한 상세한 내용을 알아보기 위해 '물발자국(Water Footprint)'[7]이라는 지표를 사용하여, 생산에 필요한 물의 양을 식품별로 비교해 보겠습니다. 물발자국은 제품이나 서비스를 생산하는 데 필요한 그린워터, 블루워터 그리고 그레이워터의 총사용량을 나타내는 지표입니다. 예컨대, 소고기의 물발자국은 소가 마시는 물, 사육 시설에서 사용되는 물 그리고 사료 생산에 필요한 물의 총합을 말합니다.

국제적으로 참조되는 통계에 따르면, 물발자국이 가장 큰 식품은 소고기입니다. 소고기 1kg을 생산하는 데 필요한 민물의 양

…

7 역자 주: 제품 생산 및 서비스의 모든 과정에서 직간접적으로 사용되는 물의 총량을 가리키며, 우리가 일상생활에서 사용하는 제품을 생산, 소비하는 데 얼마나 많은 양의 물이 필요한지 나타내 주는 지표이다.

은 약 1만 5,415L로, 이는 돼지고기 1kg의 5,988L, 닭고기 1kg의 4,325L, 달걀 1kg의 3,265L 그리고 우유 1kg의 1,020L보다 훨씬 많습니다. 참고로, 곡물 1kg과 채소 1kg을 생산하는 데 소요되는 민물의 양은 각각 1,644L와 322L입니다.

또한, 식품별로 1kg당 포함된 에너지양(kcal)이 다르므로, 1kcal 당 물발자국을 비교하는 것도 의미가 있습니다. 이때도 소고기의 물발자국이 가장 큰 것으로 나타납니다. 소고기 1kcal를 생산하는 데 필요한 민물의 양은 10.19L인 반면, 돼지고기 1kcal는 2.15L, 닭고기는 3.00L, 달걀 1kcal는 2.29L, 우유 1kcal는 1.82L로, 소고기에 비해 훨씬 적습니다. 그렇지만, 소고기를 제외한 다른 축산 식품들의 생산 또한 곡물이나 채소와 비교할 때 상당히 많은 물을 소비합니다. 예를 들면, 곡물 1kcal와 채소 1kcal의 생산에 필요한 민물의 양은 각각 0.51L와 1.34L이며, 이를 비교하면 소고기는 곡물 대비 약 20배, 우유의 경우에도 약 3.5배의 물이 필요하게 됩니다.

✶ 가축은 사람보다 몇 배나 많은 똥을 싼다

축산 식품 생산은 수질오염의 주요 원인 중 하나입니다. 주된 오염원은 가축의 배설물 처리나 저장이 제대로 이루어지지 않았을 때 발생합니다. 이런 상황을 듣고 '개발도상국에서만 발생하는 문제겠지'라고 생각할 수도 있습니다. 하지만 일본을 포함하는 선진국에서도 이러한 문제가 지속적으로 발생하고 있습니다.

예를 들어, 2019년 일본의 축산 관련 고충은 총 1,386건이었으며, 그중 약 24%인 335건이 수질오염과 관련된 것이었습니다. 이는 악취 관련 고충(52.2%) 다음으로 많은 항목이었습니다. 수질오염 관련 고충의 86%는 소와 돼지를 사육하는 농가에서 비롯된 것이었습니다.

이유는 소와 돼지의 배설물 양이 많기 때문입니다. 예를 들면, 일본의 가축별 하루 평균 배설물 양을 보면, 젖소는 똥 45.5kg, 오줌 13.4kg, 육용 소는 똥 20.0kg, 오줌 6.7kg, 돼지는 똥 2.1kg, 오줌 3.8kg, 육용 닭은 똥 0.13kg으로 나타납니다. 참고로 성인 한 사람의 하루 배설물 평균량은 똥 0.1~0.25kg, 오줌 1.0~1.5kg입니다.

2020년 일본의 가축 배설물 총량은 약 8,013만 톤이었습니다. 그 내역은 젖소 2,186만 톤, 육용 소 2,358만 톤, 돼지 2,115만 톤, 달걀용 닭 791만 톤, 육용 닭 563만 톤입니다. 일본 전체 인구의 배설물을 성인 기준으로 계산하면, 총량은 약 5,762만 톤입니다. 그렇기 때문에, 축산 활동이 크게 활성화되지 않은 일본에서도 가축의 배설물 총량은 사람들의 배설물보다 약 40%나 많습니다.

축산 대국인 미국의 상황과 비교해 보면 더욱 분명해집니다. 미국에서는 매년 가축이 배출하는 똥만으로도 약 3억 3,500만 톤이 발생합니다(오줌은 포함되지 않음). 미국 전체 인구를 성인 기준으로 계산할 때, 사람들이 배출하는 분변의 총량은 약 3,000만 톤에 불과하므로, 가축이 배출하는 똥의 양이 그것보다 열 배나 더 많습니다.

대량의 가축 배설물을 모두 적절히 처리하는 것은 선진국에서도 간단한 문제가 아닙니다. 부적절한 배설물 처리나 저장은 지하수를 질산성 질소로 오염시키는 원인이 됩니다. 게다가, 가축의 분뇨가 하천 등에 유출되면, 그 안에 포함된 와포자충(Cryptosporidium)[8] 때문에 상수원이 오염되어, 사람들에게 복통이나 설사와 같은 집단 감염을 일으킬 수 있습니다.

그리고 간접적으로, 가축 사료를 위해 사용되는 질소비료도 지하수를 질산성 질소로 오염시키는 주범 중 하나입니다.

2019년 세계 사료 생산량은 약 11억 2,600만 톤으로 추산되었으며, 같은 해의 세계 밀 생산량이 7억 6,580만 톤이므로, 사료의 생산량이 얼마나 큰지 명확하게 알 수 있습니다. 이렇게 많은 양의 사료를 생산하기 위해서는 방대한 질소비료가 사용되고, 이로 인한 지하수 오염의 정도는 정확하게 알려져 있지 않지만, 상당히 큰 영향을 미칠 것으로 예상됩니다.

…

8 역자 주: 사람의 소화기관에 기생하는 기생충이며, 감염되면 설사 증상을 보이고 심할 경우 사망하기도 한다.

공기와 물이 공짜이기에 발생하는 문제

여러분은 이제 축산이 자연환경에 주는 부담이 식량 생산 중에서도 특히 크다는 것을 아셨을 것입니다. 그러나, 축산의 환경오염 문제를 해결하려 해도 쉽지 않습니다.

이유는, 공기와 물 같은 자연 자원이 공공의 성격을 띠기 때문입니다. 내가 마음대로 사용할 수 있는 만큼, 다른 사람의 사용을 제한할 방법이 없습니다. 예컨대, 어떤 사람이 공기나 물을 오염시킨다 해도, 그 사람만의 공기와 물의 사용을 완전히 막는 것은 사실상 불가능합니다. 특정 지역의 공기를 없애거나 비를 내리지 않게 하는 것은 불가능하기 때문입니다.

결과적으로, 공기나 물은 돈을 지불하지 않고도 사용할 수 있으며, 독점 또한 불가능하므로, 이런 자원에 대한 거래가 일어나는 시장이 형성되지 않습니다. 그 결과, 공기와 물의 금전적 가치도 불분명해지며, 이들 자원이 오염되더라도 그에 대한 경제적 가치를 파악하거나 대가를 지불하는 시장은 존재하지 않게 됩니다.

예를 들면, 우리는 계속해서 호흡을 하며 공기를 소비하고 있습니다. 그렇지만, 이러한 공기 사용에 대해 돈을 지불하고 있지 않습니다. 그렇다고 해서 돈을 지불하지 않으니 역설적으로 공기는 가치가 없는 것이라고 할 수 있을까요?

물론, 공기에 대한 가치는 확인할 수 있습니다. 우리는 공기 없이는 생존할 수 없으며, 농작물도 재배할 수 없습니다. 심지어 식량보다 더 본질적이고 절대적인 가치가 있습니다. 그럼에도 불구하고, 우리는 식량에는 돈을 지불하지만, 공기에는 대가를 지불하지 않습니다. 왜냐하면 공기에는 시장에서 거래될 수 있는 금전적 가치가 정해지지 않았기 때문입니다.

'호흡하는 데에 돈을 지불하는 것은 오히려 좋지 않다'라고 생각하는 사람도 있을 수 있습니다. 호흡만으로는 문제가 없을 수 있습니다. 그러나, 이로 인해 누구든지 대가 없이 공기를 오염시킬 수 있게 됩니다. 즉, 무료로 사용할 수 있는 것이 오염되더라도 그에 따른 비용이 발생하지 않게 되는 것입니다.

물의 경우, 상하수도나 하수도 요금을 지불하는 국가나 지역이 있어 공기보다는 나아 보일 수 있습니다. 하지만 이렇게 지불하는 물의 양은 지구 전체의 수자원 중 극히 일부(0.01% 미만)에 불과합니다. 실제로 지구상의 대부분의 민물은 수도 시스템을 통하지 않고 사용되고 있습니다.

예를 들어, 집 밖에서 작물을 재배할 때 사용하는 빗물이나 토양의 물에 대한 요금은 지불하지 않습니다. 또한, 이 물은 하수도 시설을 통하지 않기 때문에 상하수도 요금도 발생하지 않습니다. 그 결과, 이런 물은 무료로 사용되며, 그것을 오염시켜도 추가적인 비용이 발생하지 않습니다.

이번에는 축산의 영향을 통해 소를 사육하는 경우를 살펴보겠습니다. 축산 농가는 최대한의 이익을 얻기 위해 '소 한 마리로부터 얻는 수익'과 '소 한 마리를 사육하는 데 드는 비용'을 고려하여 사육할 마릿수를 결정합니다. 그런데, 이 비용에는 소가 배출하는 온실가스나 배설물로 인해 발생하는 사회적 손실은 포함되지 않습니다. 그럼에도 불구하고 온실가스 배출과 배설물에 의한 수질 오염 등으로 인한 사회적 손실은 실제로 발생합니다.

만약, 이러한 사회적 손실에 대한 가치를 정하고, 그 가치에 대한 비용을 축산 농가에 징수한다면 어떻게 될까요? 기존의 비용 외에 소의 온실가스 배출과 배설물로 인한 비용이 추가되므로 '소 한 마리의 사육 비용'이 증가하게 됩니다. 그 결과, 최대한의 이익을 추구하는 축산 농가는 사육하는 소의 마릿수를 줄일 가능성이 있습니다.

이 같은 예에서 볼 수 있듯이, 축산 농가의 경제 활동이 기후변화나 수질 오염 등으로 다른 사람들에게 영향을 미칩니다. 경제학에서는 이러한 현상을 '외부성'[9]이라고 합니다. 여기서는 부정적인 영향, 즉 '부정적 외부성'이 발생하고 있습니다. 그리고 이러한 '부정적

…

9 역자 주: 어떤 시장 참여자의 경제적 행위가 사람들에게 의도하지 않은 편익이나 손해를 가져다주는데도, 아무런 대가를 받지도, 지불하지도 않는 현상을 말한다.

외부성'을 고려하지 않는 생산 활동은 사회 전체에게 바람직하지 않은 생산 과잉을 초래합니다.

고기가 싸니까 많이 먹는다고?

우선 오해하지 않았으면 하는 것은, 식육 생산이 환경에 주는 부담이 크다고 해서 '고기를 전혀 생산하지 말자'거나 '고기를 먹지 말자'는 주장을 하려는 것이 아닙니다.

문제의 핵심은 앞서 언급한 '부정적 외부성'으로 인한 사회적 손실이 현재의 식육 생산 비용이나 가격에 충분히 반영되지 않는다는 것입니다. 이로 인해 사회적으로 부정적인 영향을 주는 식육 생산에도 불구하고 육류의 가격은 상대적으로 저렴하게 유지되어, 사람들이 과도하게 고기를 소비할 가능성이 높습니다.

만일 식육 생산의 사회적 손실이 생산 비용 및 가격에 적절히 반영된다면, 육류의 생산 비용과 가격은 상승하게 되고, 그 결과 소비량과 공급량은 감소할 것입니다. 이렇게 되면 더욱 사회적으로 바람직한 상태로 이행될 수 있습니다. 그러나 이를 실현하는 것은 쉽지 않습니다.

이제 지역별 식육 공급량을 자세히 알아보겠습니다. 표 6-1은 2018년 소고기, 돼지고기, 닭고기의 주간 일인당 공급량(식용 한

	전 세계	오세아니아	미국	유럽	아시아	아프리카
소고기	175g	490g	548	261g	91g	114g
돼지고기	298g	473g	350	666g	294g	26g
닭고기	298g	829g	819	469g	193g	130g
합계	771g	1,792g	1,717	1,396g	578g	270g

표 6-1 2018년 세계 및 주요 5개 지역에서의 일인당 주간 식육 공급량

정)과 이들의 합을 세계와 5개 지역으로 구분하여 보여 줍니다. 세계 평균은 771g이지만, 오세아니아, 미국, 유럽의 경우, 이 평균보다 1.8에서 2.3배 높습니다. 반면, 아시아와 아프리카는 상대적으로 낮으며, 오세아니아에 비하면 대략 3분의 1에서 7분의 1 수준입니다.

또한 지역 내에서도 나라별로 일인당 식육 공급량에 큰 차이가 있고, 고소득 국가에서는 식육 공급량이 더 많은 경향을 보입니다. 예컨대, 2018년 기준으로 미국은 2,336g, 호주는 1,970g, 스페인은 1,824g, 남아프리카는 1,153g, 중국은 1,112g, 일본은 955g으로 나타납니다.

식육 생산으로 인한 온실가스 배출량 영향을 고려한다면, 얼만큼의 공급량이 사회적으로 바람직한지 궁금해집니다.

2019년, 이트-랜싯 위원회(EAT-Lancet Commission)라는 세계적인 전문가들로 구성된 위원회는 지속 가능한 식량 시스템을 위한 식생활에 관한 보고서를 발표했습니다. 이 보고서를 살펴보면, 지

속 가능한 식생활의 식육 소비량은 모든 종류의 고기를 합하여 일주일에 일인당 301g(달걀과 생선 제외)이라고 합니다. 이는 2018년의 세계 평균치 대비 약 60% 감소해야 한다는 의미입니다. 지역에 따라 분석하면, 미국, 오세아니아, 유럽에서는 80% 이상 줄여야 하며, 아시아에서도 대략 50% 감소해야 합니다. 그러나 아프리카에서는 약 10% 증가시켜야 합니다.

이 보고서는 단순히 일부 전문가의 극단적인 견해로 끝나지 않습니다. 실제로 FAO 및 EU의 일부 국가들에서는 현실적으로 지금의 식육 소비 수준이 환경에 너무 큰 부담을 주어 지속 가능한 식생활이 아니라고 경고하고 있습니다. 예를 들어, 스웨덴 정부는 국민들의 식생활 지침에서 주당 식육 소비량을 500g 이하로 제한할 것을 추천하고 있습니다.

또한, 현재 육류의 가격이 너무 저렴하다는 관점에서 '가격을 올려야 한다'라는 주장도 있습니다. 2020년에는 TAPPC(True Animal Protein Price Coalition)라는 동물성 단백질의 적정 가격에 대해 연구하는 네덜란드의 비영리 단체가 유럽그린딜(The European Green Deal)과 함께 EU 전체에 고기세를 도입하자는 제안서를 유럽의회에 제출했습니다. 유럽그린딜은 EU가 2019년에 발표한 '2050년까지 온실가스 배출량을 제로로 만든다'라는 전략적 환경 정책입니다.

TAPPC는 환경과 건강에 대한 부정적 영향을 감안할 때, 소고기의 경우 1kg당 4.77유로(약 5,770원), 돼지고기는 1kg당 3.61유로(약 4,370원), 닭고기는 1kg당 1.73유로(약 2,090원)의 세금을 부과하여 가격을 상향 조정해야 한다고 주장하고 있습니다. 즉, 각 고기 종류별로 생산과 소비에 따른 '부정적 외부성'을 고려한 가격 설정을 제안하는 것입니다.

고기세 도입을 통해 2030년까지 EU 전체의 소고기, 돼지고기, 닭고기 소비량을 각각 67%, 57%, 30% 감소시킬 수 있을 것으로 예상하고 있습니다. 실제로 몇몇 유럽의회 의원들도 이런 제안에 공감한다는 입장을 보이고 있습니다. 그러나 EU 전체에서 이를 채택하려면 만장일치가 되어야 하기 때문에 도입될 가능성은 매우 낮아 보입니다. 반면, 독일과 같은 일부 국가에서는 국가 차원에서 고기세 도입을 심도 있게 검토 중이라고 전해집니다.

일본의 육식 상황

육식과 환경 문제의 연관에 대한 인식은 지역이나 나라마다 크게 차이가 납니다. 식육 소비량이나 그 밖의 식량 문제가 지역이나 국가별로 상이합니다. 그러나, 고기를 많이 소비하는 나라가 반드시 '육식과 환경 문제의 관련성'에 관심을 가진다고는 말할 수 없습니다. 이 문제에 앞장서 대처하고 있는 지역 중 하나는 EU입니다.

그렇다면, 일본은 어떨까요? 아마도 육식과 환경 문제의 연관성을 인식하고 있는 사람은 그다지 많지 않을 것입니다. 일본의 식육 공급량은 EU의 여러 국가와 비교하면 약 70%에 불과하지만, 세계 평균보다는 높습니다. 이트-랜싯 위원회의 기준치(일주일당 소비량 301g)와 비교해 보면, 현재의 955g에서 약 70%를 줄여야 합니다. 즉, 일본의 식육 소비량은 EU와 같은 유럽 여러 나라에 비해 적지만, 그렇다고 줄이지 않아도 되는 수준은 아닙니다.

그럼에도 일본에서 육식과 환경 문제에 대한 정책적 논의는 거의 진행되지 않고 있습니다. 최근 10년 동안 일본 내각부(内閣府)[10]의 식량과 환경에 관한 여론조사와 일본 후생노동성(厚生労働省)[11]의 국민 건강 및 영양 조사(전체 18개)를 검토했지만, 육식과 관련된 설문이나 '음식 섭취'와 자연환경 사이의 관계에 대해 묻는 설문조사는 찾을 수 없었습니다. 대부분은 '식량 생산'과 환경 문제의 관련성에 집중되어 있었고, '음식 섭취'에 대한 논의까지 확장되지 않았습

…

10 역자 주: 일본의 행정기관 중 하나로 가장 높은 지위를 가지며, 내각을 도와 정책입안 및 전체 조율을 담당한다.

11 역자 주: 일본의 행정기관 중 하나로 국민의 복지와 건강, 공중위생, 노동 관련된 전반적인 행정기능을 담당한다.

니다.

일본에서 육식과 환경 문제의 연관성을 크게 의식하지 않은 원인 중 하나는, 일본인들이 스스로 과도한 양의 고기를 섭취하고 있지 않다고 생각하는 데 있을 것입니다. 전통적인 일본식은 많은 양의 고기 섭취가 포함되지 않았으므로, 그 특성이 현대의 일본식 생활에도 이어져 있다고 여기는 사람들이 많기 때문입니다. 하지만 현실적으로는 일본의 식생활은 서구화되었으며, 유럽 수준은 아니지만 과도한 고기 섭취가 이루어지고 있습니다.

한 가지 주요한 이유로는 일본이 식육의 대부분을 수입에 의존하고 있어, 육식으로 인한 환경 부담이 적다고 인식하는 경향을 꼽을 수 있습니다. 예컨대, 일주일에 1,000g의 고기를 섭취한다고 할 때, 그중 500g이 수입된 고기라면, 일본 국내에서의 식육 생산으로 인한 환경 부담은 오직 500g에만 해당된다고 볼 수 있습니다. 외국에서의 식육 생산으로 인한 환경 부담이 직접적으로 느껴지지 않아, 1,000g의 고기 섭취가 국내 500g의 부담만을 초래한다고 오해하는 경우가 있습니다.

2020년 기준 일본의 육류 자급률은 수량 기준으로 55%에 불과했습니다. 가축 종류별로 분석해 보면, 소고기는 36%, 돼지고기는 50%, 닭고기는 66%였습니다. 즉, 환경 부담이 큰 가축일수록 자급률이 낮게 나타나고, 대부분이 수입되어, 실제 환경 부담을 과소평가하는 상황이 발생합니다.

물론, 해외에서 가축을 키운다고 해서 일본의 물과 토양이 오염되는 것은 아닙니다. 그러나 가축을 키운다면, 장소를 불문하고 그로 인한 온실가스 배출은 지구온난화를 촉진시키며, 이는 일본에도 영향을 미칩니다.

결국, '음식 섭취' 측면에서의 인식 차이가 고기의 과다 섭취를 초래하게 되며, '식량을 생산'하는 측은 이로 인한 이익 증대를 위해 식육 생산을 지속하게 됩니다. 그 결과, 식육 생산과 관련된 환경 문제는 소홀히 여겨지게 됩니다.

7장

도사리고 있는 정치적 음모

7장에서는 '식량 시장의 한계로 인한 문제' 중에서도 '정치적 원인으로 인한 문제'를 살펴보겠습니다.

정치적인 음모로 인해 식량 시장의 구조와 균형이 왜곡되는 것은 자주 일어나는 일입니다. 이러한 정치적 음모로는 주로 '식량 안전 보장'과 '자국 농업 보호'가 대표적입니다. 실제로 식량 안전 보장을 목적으로 정부가 시장에 개입하는 것은 합당한 조치로서 국제적으로 널리 인정받고 있습니다. 그러나 어디까지가 식량 안전 보장을 위한 개입인지 구분하기 어렵고, 과도한 개입으로 판단되는 사례도 종종 보게 됩니다. 또한, 대부분의 선진국에서는 식량 안전 보장과 별개로 자국의 농업을 보호하기 위한 다양한 우대 정책을 시행하고 있습니다. 이 장에서는 이러한 정부의 개입과 우대 정책이야기하는 사회적 문제를 집중적으로 살펴보겠습니다.

개발도상국일수록 농업을 홀대하는 수수께끼

세계적으로 보면 개발도상국은 농업을 소홀히 하고, 선진국은 농업을 우대하는 경향이 있습니다. 이는 무언가 이상하게 느껴집니다. 식량이 부족한 개발도상국에서 농업이 소홀히 대우받고, 식량이 충분한 선진국에서 농업이 우대받는 현상은 아무리 생각해도 납득하기 어렵습니다. 물론, 나라마다 작물에 따라 세세한 차이는 있겠지만, 그럼에도 불구하고 나타나는 큰 경향성을 살펴보겠습니다.

먼저, 개발도상국에서 농업이 홀대 받는 이유는 무엇일까요? 이런 경향은 특히 1960년대부터 1980년대에 걸쳐서 명확하게 드러났습니다. 가장 큰 이유는, 이들 국가가 농업보다 공업을 중시하여 급속한 경제 발전을 추구했기 때문입니다. 그리고 공업에 대한 투자를 확대하기 위해, 국가는 세금 수입을 늘려야 했고, 이로 인해 개발도상국의 주요 산업인 농업에 무거운 세금이 부과되었습니다. 이러한 세금에는 농업 소득이나 농지 등에 대한 직접세와 농산물의 국내 거래나 수출 등에 대한 간접세가 포함되어 있습니다.

개발도상국에서는 소득을 정확하게 파악하고 직접세를 부과하는 것이 어렵기 때문에, 농업세 수입의 80% 가까이가 간접세에 의

한 것으로 알려져 있습니다. 간접세는 예를 들어, 커피나 카카오와 같은 수익성 있는 작물의 수출을 정부가 독점적으로 관리하여, 농가에서 저렴한 가격에 매입 후 국제시장에서 고가에 판매하는 방식입니다. 1980년 전후로 아프리카의 토고에서는 정부가 커피를 저렴하게 매입하여 세 배의 가격으로 수출한 적이 있습니다. 그리고, 수출가격과 매수 가격 간의 차액은 토고 정부의 수입원이 되었습니다. 국내에서도 농가가 도시 지역이나 시장에 농산물을 판매하기 위해서는 지방 정부에 입경세(入境稅)와 같은 세금을 납부해야 했습니다. 이러한 현상은 아프리카뿐만 아니라, 남아시아나 중남미 국가들에서도 흔히 볼 수 있습니다.

또한, 도시 지역의 공장에서 일하는 저렴한 노동력을 확보하려면, 도시 지역 노동자들에게 안정적이고 저렴한 식량을 공급해야 합니다. 이 때문에 몇몇 개발도상국에서는 농가로부터 강제적으로 저렴한 가격에 식량을 구매하여 도시 지역에 싸게 팔았습니다. 즉, 농촌 지역의 식량 안전 보장보다 도시 지역의 식량 안전 보장이 우선시되었다는 것입니다.

그러나, 식품 가격을 부당하게 낮추면 농가는 생산 의욕을 잃게 되어 예상보다 식량 생산량이 크게 줄어든다는 것이 밝혀졌습니다. 토지 면적당 수확량은 급감하였고, 농업 생산기술의 발전 또한 정체하였습니다. 즉, 정부조차 농가의 생산 의욕을 강제로 부추길

수는 없게 된 것입니다. 이와 관련하여 유명한 사례는 1959년부터 1961년 사이에 중국에서 발생한 대기근[1]입니다. 이 대기근에서는 적어도 1,500만 명 이상이 굶어 죽었으며, 이는 전례 없는 대참사였습니다.

결국 이러한 시장 원리를 무시한 방식은 별로 효과적이지 않았고, 1990년대 이후 대부분의 국가들은 농업세를 경감하거나 철폐하기 시작했습니다.

이와는 반대로, 선진국은 왜 농업을 우대할까요? 가장 큰 이유는 자국의 농업을 유지하고자 하는 의지에 있습니다. 대다수의 선진국은 '어떠한 상황에서도 모든 국민이 충분한 식량을 확보할 수 있어야 한다'라는 식량 안전 보장의 원칙에 따라 국내에서 소비되는 식량의 대부분을 국내 생산으로 해결하려고 노력합니다. 이 때문에 일정한 수준의 식량 자급률을 유지할 수 있는 국내 농업이 필수적인 것입니다.

실제로 선진국 중에서 일본만큼 식량 자급률이 낮은 나라는 드뭅니다. 예를 들면, 농림수산성의 2018년 추산에 따르면, 일본의 곡물 자급률은 28%에 불과하고, OECD 38개 가맹국 중에서 32

…

1 역자 주: 부강한 사회주의 국가를 만들 목적으로 추진된 농공업의 증산 정책(대약진 운동)의 실패로 비롯되었다.

번째로 낮습니다. 반면, 곡물 자급률이 50%를 초과하는 OECD 가맹국은 26개국이고, 그중 13개국은 100%를 넘기기도 합니다.[2]

선진국에서 자국의 농업을 유지하려면, 국내의 농업을 담당할 인력을 확보해야 하지만 쉬운 일은 아닙니다. 특히 농업 생산에서 얻는 수입이 낮고 불안정하다는 문제가 있습니다. 농업을 통한 수입의 불안정성에 대해서는 4장에서 이미 다루었지만, 여기서는 수입이 낮은 원인을 중점적으로 살펴보겠습니다.

1장에서 언급했듯이, 경제성장에 따라 사람들의 소득이 증가해도 일인당 식품 지출은 크게 늘어나지 않습니다. 반면, 자동차, 가전제품, 옷 등의 지출은 급격히 증가합니다. 그 결과, 경제성장과 함께 농업의 매출은 크게 늘어나지 않지만, 다른 산업에서의 매출은 급증하게 됩니다. 더불어, 매출이 증가한 산업에서는 임금, 즉 인건비도 상승하게 됩니다. 이와 같은 산업들과 경쟁하여 인재를 확보하기 위해서는 농업 역시 비슷한 수준의 임금을 지불해야 하는데, 농업 매출이 임금 상승만큼 증가하지 않아, 농업 생산으로 인한 순이익(매출에서 임금을 제외한 금액)이 줄어들고 있습니다.

이렇게 경제성장과 동시에 농업의 경제적 가치가 상대적으로 줄

…

2 역자 주: 대한민국은 2020년 기준 곡물 자급률 20.2%, 식량 자급률 45.8%로 OECD 38개 회원국 중 최하위다.

어드는 것은 경제의 자연스러운 추이라서 피할 수 없는 현상입니다. 따라서, 많은 선진국들은 농업에서의 순이익을 보호하거나 높이기 위해 다양한 세제 우대 조치를 도입하고 있습니다. 즉, 정부는 농가의 매출이나 임금을 직접 조절하기는 어렵지만, 세금 감면을 통해 농가의 순이익을 증가시키려는 방향으로 정책을 수립하고 있습니다.

예를 들면, 소규모 농가에 대한 세금 면제, 회계 처리의 간소화, 고정 자산세의 삭감, 양도 및 매수, 상속과 관련된 세금 감면, 식품에 대한 부가가치세나 소비세의 면제 그리고 농업 생산에 사용되는 연료에 대한 세제 우대 조치 등이 시행되고 있습니다.

또한, 식량 자급률이 높아도 농업에 대한 세제 우대 조치가 줄어들지 않습니다. 식량 자급률이 100%를 넘는 미국, 캐나다, 프랑스 등의 국가들도, 식량 자급률이 40%를 넘지 못하는 일본과 마찬가지로 농업에 대한 다양한 세제 우대 조치를 시행하고 있습니다. 그러나 예외적으로, 호주와 뉴질랜드 같은 국가들은 농업 우대 조치가 상대적으로 적은 편으로 알려져 있습니다.

농업을 지나치게 우대하는 정책의 역설

미래의 식량 부족 가능성을 고려했을 때, 선진국에서 농업을 우대하여 전 세계의 식량 생산량을 늘릴 수 있다면, 그렇게 나쁜 선택이 아닐 것이라는 생각도 듭니다. 또한, 세계의 식량 생산량이 증가함으로써 국제 식품 가격 상승을 억제하거나, 반대로 가격이 하락한다면, 식량이 부족하여 수입에 의존하고 있는 개발도상국 입장에서는 이로 인해 이득을 볼 수 있습니다.

그러나, 개발도상국들은 지금까지도 일관되게 선진국의 농업에 대한 보호와 원조를 더욱 축소할 것을 꾸준히 요청하고 있습니다. 이는 식량 수입의 증가가 해당 국가의 농업 발전을 저해하기 때문입니다. 게다가, 국제 식품 가격의 하락은 개발도상국 내의 식량 가격도 떨어뜨려, 농가의 수입도 감소시킬 가능성이 있습니다. 즉, 이는 4장에서 다룬 '풍작 빈곤'의 국제 무역 버전입니다. 또한, 주식인 곡물 공급을 수입에 크게 의존하는 것은 국가의 식량 안전 보장 측면에서도 바람직하지 않다고 할 수 있습니다.

만약 선진국이 농업을 우대하지 않는다면, 농가 수와 농업 생산량이 감소할 것입니다. 이로 인해 선진국의 농산물 수출도 줄어들며, 개발도상국의 수출 기회는 증가하게 될 것입니다. 예컨대, 지금까지 미국으로부터 밀을 수입하던 국가는 미국의 밀 수출이 감소하면, 대신 개발도상국으로부터 밀을 수입할 수 있습니다. 따라서, 선진국의 농업 우대 조치는 개발도상국의 농업 이익 창출 기회를 박탈하고 있다고 볼 수 있습니다.

그렇지만, 개발도상국에서의 식량 생산량이 단기간에 크게 증가할 가능성은 낮습니다. 현재 식량 부족 상황에 있는 개발도상국들은 선진국으로부터의 식량 수입에 의존해야 하는 현실에 직면해 있습니다. 이로 인해 선진국이 식량 생산과 개발도상국에 대한 식량 수출을 줄이더라도, 역설적으로 어려움에 처하게 되는 상황이 발생합니다.

선진국의 과도한 농업 보호 정책과 덤핑 문제

개발도상국이 선진국의 농업 정책을 문제시하는 것은 역사적 배경과도 깊이 연관되어 있습니다. 시간을 조금 거슬러 올라가 보면, EU가 아직 EC(European Community, 유럽공동체)로 불리던 1980년대, 선진국들은 현재보다 훨씬 더 자국 농업을 보호하고 있었습니다. 여기서 특히 문제가 되었던 것은 EC와 미국에 의한 과도한 농업 보호 정책과 그로 인해 발생한 농산물 수출 덤핑 문제입니다.

EC와 미국은 자국의 농가가 확실한 이익을 얻을 수 있도록 농산물 가격의 하한선을 농가에 보증하였습니다. 따라서, 농가 입장에서는 생산량을 늘릴수록 이익이 늘어나는 것이 보장되어 있었던 셈입니다. 이 때문에 당연하게도 농가들은 시장이 필요로 하는 양보다 훨씬 많은 양의 농산물을 생산하게 되었습니다. 여기에 생산 비용이 높은 선진국에서는 이익이 보장된 가격이 국제시장에서의 가격보다도 높게 책정되어, 그대로는 수출할 수 없는 상황이었습니다.

결과적으로, 해당 국가 내에는 대량의 농산물이 축적되었습니다. 이런 상황이 계속되자 EC에서는 '버터의 산과 와인의 호수'라고 비난을 받을 정도로 방대한 양의 재고가 쌓이게 되었습니다. 또한, 이런 과잉 재고의 관리나 처분을 위한 비용은 정부 재정에 큰 부담으로 작용하였습니다.

이러한 정책이 초래한 재정 부담은 EC에서는 전체 예산의 80%에 달할 정도로 커졌습니다. 미국에서도, 과잉 재고의 유지만으로 하루에 수백만 달러(당시의 일본 엔화로는 4억 엔 이상)의 비용이 들었으며, 이미 재정적자 상태였던 미국에도 EC만큼은 아니었지만, 상당한 부담이었습니다.

이에, 자국 내의 과잉 재고를 조금이라도 줄이기 위하여 EC와 미국은 수출하는 농작물 가격을 낮추기 위한 보조금을 추가로 도입하여, 부당하게 낮은 가격으로 과잉 재고를 해외로 수출하기 시작했던 것입니다. 이를 농산물 수출 덤핑이라고 합니다. 과잉 재고에 드는 비용에 비해 농가에 추가 보조금을 주고 수출하는 편이 경제적이었기 때문입니다. 또한, 식량 원조라는 명목으로 과잉 재고인 식량을 개발도상국에 무상으로 제공하기도 하였습니다.

그러나, 이러한 대처는 국제 농산물 시장에 큰 혼란만을 가져왔을 뿐, 과잉 재고를 줄인다는 목적에선 큰 효과를 보지 못했습니다. 마치 언 발에 오줌 누기와 같은 상황이었습니다.

이러한 국제 농산물 시장의 혼란을 개선하기 위해 세계의 많은 나라가 모여 농산물 무역의 새로운 제도 구축에 대해 논의하였던 것이 1986년부터 1993년까지 이어진 '관세 무역 일반협정(GATT)'인 우루과이 라운드 농업 협상입니다. 이 협상에서 합의된 핵심 내용은 세 가지입니다.

① 다양한 형태의 '수입을 방해하는 정책'을 관세로 치환하여 단계적으로 관세를 삭감한다.
② 수출 보조금을 단계적으로 삭감한다.
③ 국내 농가에 대한 보조는 생산을 자극하지 않는 형태로 한정한다.

참고로 ①에서의 '관세'는 해외로부터의 수입품에 부과되는 세금을 지칭합니다. ③은 유럽이 고민하던 과잉 재고 발생을 막기 위한 조치로, 농가 보조금과 생산량을 연동하지 않는다는 의미이며, 이를 '디커플링'이라고도 합니다.

이후 우루과이 라운드 협상에서의 합의 내용은 세계무역기구

(WTO)의 설립으로 이어졌습니다. 그러나 WTO가 설립된 이후로는 무역 협상이 그다지 원활하게 진행되지 않고 있습니다. 그 이유 중 하나는 개발도상국의 발언권이 강화되어, 미국과 유럽을 중심으로 한 선진국과의 견해차가 심화되었기 때문입니다. 이로 인해 최근에는 진전이 없는 WTO 협상을 일단 보류하고, 특정 국가들끼리의 합의를 통한 자유무역협정(FTA)이나 지역 경제 통합이 활발하게 추진되고 있습니다. 지역 경제 통합의 대표적인 예로는 이전의 북미자유무역협정(NAFTA)과 최근 화제가 되었던 환태평양경제동반자협정(TPP)이 있습니다. 그러나 NAFTA는 2020년에 미국의 보호주의적 성향이 반영되어 '미국·멕시코·캐나다협정(USM-CA)'으로 변경되었습니다.

식량 수출규제가 세계에 미친 영향

현재 자유무역을 중요시하는 WTO 체제하에서도 식량 안전 보장을 위한 자국 우선 정책은 국제적으로 널리 정당화되고 있습니다. 그중 대표적인 예가 비상시의 곡물 수출규제입니다. 다만, 이러한 식량 안전 보장은 주로 식량 부족으로 어려움을 겪는 개발도상국을 염두에 두고 있는 상황입니다.

2000년 이후, 곡물 수출규제나 금지가 세계적으로 확산된 시기는 세 번 있었습니다. 이 중 두 번은 곡물의 국제가격이 급등한 2007년부터 2008년까지와 2010년부터 2011년까지였습니다. 또 다른 한 번은 코로나19 바이러스의 감염이 확산되었던 2020년입니다.

2007년부터 2008년까지와 2010년부터 2011년까지의 경우, 영향을 받은 작물이나 지역 등에는 차이가 있지만, 어떤 시기든 세계적인 가뭄, 냉해, 호우, 홍수, 산불 등이 연이어 발생하여 세계적으로 곡물 생산량이 크게 감소하였습니다. 주요 곡물 수출국인 미국, 캐나다, EU, 러시아, 호주, 우크라이나, 아르헨티나, 튀르키예 등은 일제히 타격을 입어 수출량이 크게 감소하였습니다. 또한, 아프리카 동부, 중국, 인도, 인도네시아, 멕시코와 같은 곡물 수입국이나 대부분 자급이 가능한 나라들도 이상기후로 인한 흉작이 확대되어 곡물 수입 수요가 증가하였습니다.

이러한 세계적인 흉작에 더해, 바이오에탄올 연료를 만들기 위한 옥수수의 수요 증가와 유가 상승 등이 겹쳐, 주요 곡물의 국제가격은 네 배 이상으로 급등하였습니다.

이러한 곡물의 국제가격 급등으로 인하여 많은 개발도상국들이 곡물의 수출규제나 금지를 시행하였습니다. 예를 들어, 인도, 우크라이나, 세르비아 등에서는 밀의 수출을 금지하였고, 인도, 이집트, 캄보디아, 베트남, 인도네시아 등은 쌀의 수출을 금지하였습니다.

중국도 주요 곡물 수출에 규제를 걸었습니다. 예외적으로 개발도상국이 아닌 러시아와 아르헨티나도 곡물 수출규제를 실시하였으나, 이는 국제적인 비판을 받았습니다.

수출규제나 금지를 시행한 가장 큰 이유는 나라 밖으로 곡물이 유출되는 것을 막고, 국내 곡물 가격 상승을 억제하기 위해서였습니다. 이에 대해서 조금 더 차근차근 설명하도록 하겠습니다.

국제가격이 급등한다는 것은 국제가격이 국내 가격에 비해 매우 높게 상승하는 것을 말합니다. 이러한 상황에서 무역이 자유롭게 이루어지게 되면, 국내에서 저렴하게 구한 곡물을 국제시장에서 비싸게 팔아 돈을 버는 행위가 횡행하게 됩니다. 이로 인해, 원래 국내에서 팔려야 할 곡물마저도 수출되면서 국내 곡물 공급이 줄어들게 됩니다. 이런 행위는 국제가격과 국내 가격의 차이가 줄어들 때까지 계속되므로, 결과적으로 국내 곡물 가격은 급등하게 됩니다. 따라서, 국내의 곡물이 국외로 유출되지 않도록 조치할 필요가 있었던 것입니다.

개발도상국에서는 식비가 가계 소비의 절반 이상을 차지하는 세대도 많아, 급격한 곡물 가격 상승이 일상생활에 심각한 영향을 미쳐 사회 정세가 불안정해지는 요인이 됩니다. 이로 인해 개발도상국 정부에서는 식품 가격이 정치적으로도 매우 중요하게 여겨집니다.

예를 들어, 캄보디아에서는 2009년 사회경제조사에서 전국 평균적으로 가계의 약 70%가 식비로 나갔다는 것이 밝혀졌습니다. 이 비율은 도시 지역이나 농촌 지역에서도 비슷합니다. 도시 지역의 소득은 높지만, 식품을 시장에서 구입하는 비율이 도시 지역(70% 이상)이 농촌 지역(50% 이상)보다 높아 식비 역시 상승합니다. 그러나, 여기서 주목해야 할 것은 농촌 지역에서도 식품의 50% 이상을 시장을 통해 구입한다는 점입니다. 이는 농촌 지역이라 할지라도 식량의 시장가격에 크게 영향을 받는다는 것을 의미합니다.

실제로 2008년과 2011년에는 아프리카, 중동, 아시아의 20개가 넘는 개발도상국에서 식량 가격의 급격한 상승이 촉발한 대규모 폭동, 이른바 '식량 폭동'이 발생하였습니다. 이러한 폭동의 대부분은 오랜 시간 쌓여 있던 불만이 폭발한 것으로, 식량의 가격 상승은 단순히 동기에 불과했습니다. 그러나 이를 역으로 생각해 보면, 식품 가격이 폭동의 동기가 될 정도로 사람들에게는 절박한 상황이었던 것입니다.

코로나19 바이러스 감염이 확산되던 2020년에도 세계 22개국이 다양한 식량에 대한 수출규제를 실시하였습니다. 예컨대, 러시아와 우크라이나는 밀의 수출을 제한하였고, 베트남과 인도는 쌀 수출을 제한하였으며, 태국은 쌀 수출을 전면 금지하였습니다. 그러나 이 시기, 세계적으로 식량이 흉작이었던 것도 아니며, 곡물의 국제가격이 급등한 상황도 아니었습니다. 이는 국제 식량 시장이 경색되었던 2008년과 2011년의 경우와 상황이 다르다는 점을 의미합니다.

2020년에 식량의 수출규제가 이루어진 가장 큰 이유는, 각국 정부가 감염 확대로 인한 식량의 공급 사슬이 중단될 것을 우려했기 때문일 것입니다. 즉, 예방 조치의 일환으로 수출을 규제한 것으로 볼 수 있습니다.

이동을 제한한 록다운의 영향으로 식량 생산과 유통이 일시적으로 정체되긴 했지만, 미지의 질병에 대한 공포로 인한 과민 반응이 큰 부분을 차지했습니다. 근거는 부족하지만, 일단 자국을 보호한다는 측면에서 2008년과 2011년의 수출규제나 금지보다는 보다 자국 중심적인 정책이었다고 할 수 있습니다.

다만, 2020년의 수출규제나 금지가 식량 공급에 미친 영향은 2008년과 2011년의 경우와 비교하여 상대적으로 작았습니다. 예를 들어, 국제지속가능발전연구소(International Institute for Sustainable Development, IISD)의 연구에 따르면, 수출규제나 금지가 곡물 무역에 미친 영향의 총칼로리는 2008년은 49조 3천억kcal였지만, 2020년에는 21조 7천억kcal로 2008년의 절반에 미치지 못하는 규모로 추산되고 있습니다. 또한, 수출규제나 금지가 곡물 무역에 미친 영향을 금액 기준으로 볼 때, 2008년의 43억 달러에 비해 2020년에는 약 절반인 21억 달러로 추산되고 있습니다.

수출규제로 인한 일본의 영향

한편, 일본의 주요 곡물 수입국인 미국이나 호주와 같은 세계 주요 곡물 수출국들이 수출을 규제할 가능성은 매우 낮다고 생각합니다. 이는 이들 국가의 생산량에서 수출량이 차지하는 비율이 매우 높기 때문입니다. 예를 들어, 미국과 호주가 2019년에 생산한 밀의 약 52%와 약 55%는 수출되었습니다. 이로 인해, 생산량이 절반으로 떨어지는 대흉작이 발생하더라도 여전히 수출할 정도의 여력이 있다고 볼 수 있습니다. 참고로, 호주는 평년에는 밀 생산량의 약 70%를 수출하고 있습니다. 2019년은 전년부터 이어진 가뭄의 영향으로 흉작이 발생한 해였으며, 일시적으로 캐나다에서 밀을 수입할 정도였습니다. 그럼에도 불구하고, 그해에는 총 960만 톤의 밀을 수출하였습니다. 일본의 밀 총수입량이 약 550만 톤인 것을 감안하면, 흉작인 해에도 상당한 양을 수출하였다는 것을 알 수 있습니다.

따라서 일본과 같은 국가에서는 곡물 수출규제에 따른 리스크는 완전히 없다고는 할 수 없으나, 무시할 수 있는 수준이라고 볼 수 있습니다. 이는 2008년과 2011년에 주요 곡물 수출국들이 동시에 흉작을 입어 곡물의 국제가격이 네 배 이상으로 급등한 시기에도 미국이나 호주가 수출규제를 실시하지 않은 점에서도 확인할 수 있습니다. 실제로, 해당 시기의 일본에서는 곡물 수입액이 전년 대비 두 배를 조금 넘었을 뿐, 높은 경제력 덕분에 곡물 수입량은 크게 변하지 않았습니다.

하지만 과거에는 미국의 식량 수출규제가 일본에 다양한 영향을 끼친 사례가 있었습니다. 조금 과거의 이야기이긴 하지만, 재미있는 사례이므로 여기에 마지막으로 덧붙여 보겠습니다.

1973년에 미국은 대두 수출을 3개월간 금지한 적이 있습니다. 당시 일본은 이미 대두 수입을 미국에 크게 의존하고 있었기 때문에, 이 금지로 인해 단기간에 된장, 두부, 낫토, 간장과 같은 대두 제품을 생산하는 현장에서는 큰 혼란이 발생하였고, 대두 제품의 가격 역시 인상되는 등 막대한 영향을 받게 되었습니다. 그렇다면 미국은 왜 대두 수출을 금지하였던 것일까요? 일반적으로 생각하면, 미국에서 대두가 흉작이었다고 예상할 수 있겠지만, 실제 이유는 그렇지 않았다고 합니다.

우선, FAO의 데이터에 따르면, 1970년부터 미국의 대두 생산량은 계속 증가하고 있었으며, 1973년에는 전년도의 3,460만 톤에서 4,211만 톤으로 크게 증가하였습니다. 이는 1973년에 대두 가격이 급등한 것에 대응하여 생산량이 늘어난 결과라고 볼 수 있지만, 어떠한 경우에도 그 해는 흉작이라고 보기는 어렵습니다. 그렇다면, 흉작이 아닌데 대두 가격이 상승한 이유는 무엇이었을까요? 또한,

미국은 왜 수출을 금지하게 되었을까요?

사실은 페루산 안초비[3]가 잡히지 않았던 것이 원인이었다고 합니다. 조금 더 구체적으로 말하자면, 가축의 사료로 사용되는 안초비가 부족하게 되자 이에 대한 대체품으로 대두에서 기름을 짜낸 뒤 남은 대두 찌꺼기를 사료로 사용하게 되었습니다. 이로 인해 미국 국내에서는 대두에 대한 수요가 급증하며, 가격 또한 상승하였습니다.

따라서, 미국은 자국의 축산 농가에 대두 공급을 우선시하기 위하여 대두 수출을 금지한 것이었습니다. 다소 불쾌하게 들릴 수 있겠지만, 이는 일본에서 사람들이 섭취하는 식량보다는 자국의 가축이 섭취하는 사료를 우선시한, 지극히 국익 중심적인 수출 금지였던 것입니다.

하지만 이야기는 여기서 끝나지 않습니다. 이 사례에서 특히 흥미로운 점은 이러한 수출 금지가 장기적으로 볼 때 미국의 대두 농가에는 큰 손해로 이어졌다는 것입니다. 이는 수출 금지가 계기가 되어 일본이 브라질의 세라도 지역, 즉 일본 총면적의 다섯 배에 해당하는 광대한 열대 사바나 지역에서 대두를 생산하기 위한 대규모 개발 사업을 계획하게 되었기 때문입니다. 이와 같은 브라질 정

…

3 역자 주: 지중해나 유럽 근해에서 나는 멸치류의 작은 물고기다.

부와의 공동 사업은 1979년부터 본격적으로 시작되었고, 이로 인해 브라질은 대두 생산량이 급증하여 현재에 이르러서는 미국을 뛰어넘는 대두 수출국으로 성장하게 되었습니다. 결국, 미국은 단기적인 수출 금지로 인하여 장기적으로는 경쟁 상대를 만들어 버린 셈이었습니다.

미·중 무역 전쟁으로 인한 삼림 파괴

마지막으로, 식량과는 직접적인 관련이 없는 정치적인 요인이 국제 식량 시장에 어떠한 왜곡을 일으키며, 나아가 환경 문제의 원인이 되는 사례를 살펴보겠습니다.

발단은 미국과 중국 간의 무역 마찰이었습니다. 미국의 트럼프 정권은 2017년 8월부터 증가하는 미·중 무역 적자와 중국의 무역 관행에 대해 문제를 제기하였습니다. 이후의 조정 및 협상도 성사되지 않아, 2018년 7월에 결국 미·중 무역 전쟁이 발발하게 됩니다.

미국은 중국산 로봇, 반도체 등 1,000개 이상의 품목에 대해 25%의 추가 관세(약 500억 달러 상당)를 부과합니다. 이에 대응하여 중국 역시 미국산 대두, 자동차 등 800개 이상의 품목에 대해 25%의 추가 관세(약 500억 달러 상당)를 부과하게 됩니다. 이후 미국과 중국은 서로 추가 관세 조치를 주고받으며, 2020년 미·중 무역 협정 체결 시까지 긴장 상태가 지속되었습니다.

이러한 미·중 무역 전쟁은 식량 무역에도 영향을 끼쳤으며, 특히 대두 무역에 미친 영향은 막대했습니다. 중국은 세계 최대의 대두 수입국이었고, 무역 전쟁 이전에는 미국이 중국의 주요 대두 공급국 중 하나였기 때문입니다. 2016년 기준으로 중국의 대두 수입액은 국제 대두 시장의 61.4%(약 323억 미국 달러)를 차지했으며, 이 중 43.7%는 미국에서 수입하고 있었습니다. 따라서, 미국과 중국 간의 대두 무역만으로도 국제 대두 시장의 약 27%(약 141억 미국 달러)를 차지하고 있었습니다. 참고로, 중국의 주요 대두 수입국은 브라질과 미국이며, 브라질로부터의 수입은 중국의 대두 수입액 전체의 44.6%를 차지하고 있습니다.

그렇다면 중국은 왜 이렇게 대량의 대두를 수입하고 있는 것일까요? 실은, 수입하는 대두의 대부분은 식용이 아니라 돼지 사료용입니다. 중국 국내에서는 경제 성장에 따라 돼지고기 수요가 급증하였고, 이에 따라 돼지고기 생산량 또한 크게 증가하고 있습니다. 예를 들어, 중국의 돼지고기 국내 공급량은 1970년의 604.5만 톤에서 2018년에는 5,594.2만 톤까지 아홉 배 이상 증가하였습니다. 또한, 일인당 연간 돼지고기 공급량도 1970년 7.3kg에서 2018년에는 38.3kg까지 다섯 배 이상 늘어났습니다. 한편으로는, 사료용 곡물을 전량 국내에서 생산하는 것이 기후나 지리 조건상 어려워, 2000년 WTO 가입 이후로 점차 사료용 대두 수입량이 늘어났습니다.

이러한 상황에서 중국은 2018년, 보복 조치의 일환으로 미국산 대두에 대한 수입 관세를 3%에서 28%까지 올렸습니다. 이로 인해 미국으로부터의 대두 수입량은 급감하였습니다.

그러나 국내의 돼지고기 생산량을 줄일 수는 없으므로, 필요한 사료용 대두량은 여전히 변함없습니다.

이때 중국은 브라질로부터의 대두 수입량을 급격하게 증가시킵니다. 브라질로부터의 대두 수입액은 2016년 144억 달러에서 2018년 273억 달러까지 두 배 가까이 증가하였습니다. 또한, 중국의 대두 수입액에서 브라질이 차지하는 비율도 44.6%에서 80.9%로 크게 상승하게 됩니다.

그렇다면 브라질은 어떻게 이렇게 급격한 대두 수출 증가를 이룰 수 있었을까요? 간단히 말해서, 방법은 크게 두 가지였을 것입니다. 첫째, 수출용 대두의 토지 면적당 수확량을 늘리는 것이고, 둘째, 경작지 면적을 확장하는 것입니다. 또한, 어느 방법이든지, 씨를 뿌리고 수확하기까지 약 5개월의 시간이 필요하므로, 수출량을 증가시키기 위해서는 최소한 5개월이 필요하게 됩니다.

토지 면적당 수확량을 단기간에 늘리는 것은 현실적으로 어려운 문제이므로, 브라질은 주로 경작지 면적을 확장함으로써 대두 수

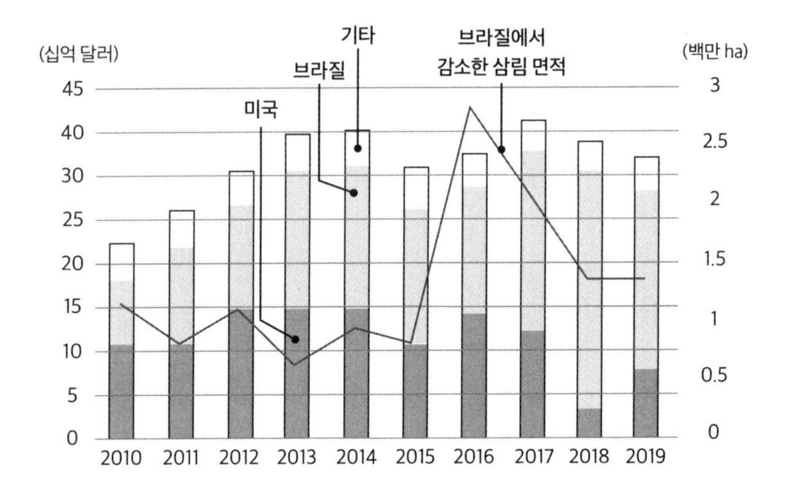

그림 7-1 중국의 대두 수입국별 수입액과 브라질 삼림 감소(2010~2019년)

출량을 증가시켰을 것으로 추정됩니다. 또한, 열대우림을 개간하여 새로운 경작지를 확보하였을 가능성이 높습니다.

그림 7-1는 2010년부터 2019년까지 중국의 대두 수입국별 수입액과 브라질의 삼림 면적 감소량과의 관계를 나타냅니다. 그림 7-1에서 볼 수 있는 것처럼, 중국이 브라질산 대두의 수입액을 늘린 2018년의 전년과 전전년에, 브라질의 삼림 면적이 급격히 감소한 것을 확인할 수 있습니다. 흥미로운 점은 삼림 면적 감소가 2016년부터 시작되었다는 것입니다. 아마도 중국 정부는 2016년 미국 대통령 선거 기간 중 도널드 트럼프가 대중 무역 적자를 비판하기 시작했을 때부터 미국과의 무역 마찰을 예상하고 대비를 시작했을

가능성이 있습니다. 이렇게 대비한 덕분에, 2018년에 대두 등의 수입 관세 상승에 강하게 대응할 수 있었던 것이며, 이미 대안이 마련되어 있었기 때문일 수도 있습니다.

어쨌든 이 사례를 통해 확인할 수 있는 것은, 정치적 동기로 인해 시장이 혼란스러워지면 그 결과가 어딘가에는 부정적인 영향을 미친다는 점입니다. 그리고 대부분 피해를 입는 것은 사회적으로 취약한 지역이나 그룹입니다. 이 사례에서는 무역 마찰과 직접적인 연관이 없는 브라질의 열대우림과 그곳에 서식하던 동식물이 결국 피해를 입게 되었습니다.

8장

'사람다움'이라는 난제

'먹다'에 대한 사회문제에 관해 마지막으로 다루고자 하는 주제는 '사람다움'이 초래하는 문제입니다.

지금까지의 경제학적 프레임에서는, 우수한 기술이 발명되고 제도가 완벽하게 정비된다면 대부분의 사회문제는 해결될 것이라는 전제가 있었습니다. 물론 완벽하지는 않더라도 현재의 기술이나 제도를 통해 4장에서 7장에 걸쳐 언급한 많은 사회문제들이 개선되어야만 합니다. 그러나 현실에서는 이러한 문제들이 쉽게 해결되지 않으며, 어떤 문제들은 오히려 악화되고 있습니다. 이처럼 현실과의 괴리가 발생하는 이유는 무엇일까요?

이는 기존의 경제학적 프레임이 '사람다움'을 과도하게 단순화하여 바라봤기 때문입니다. 이로 인해 분석의 대상이 되는 '가상으로 설정된 사람들'은 지나치게 합리적인 행동을 보이게 됩니다.

여기서 말하는 가상으로 설정된 사람들이란, 자신이 얻은 모든 정보를 올바르게 이해하고 활용하며, 계획한 것을 가능한 한 실행에 옮기는 사람들을 의미합니다. 만약 세계 인구의 대다수가 이러한 합리적인 행동을 보인다면, 우수한 기술과 제도만으로도 대부분의 사회문제는 해결되었을 것입니다.

그러나 실제 사람들은 예상보다 비합리적이며, 이 비합리적인 면모가 바로 '사람다움'입니다. 현실에서는 '해 봐야지'라고 결심하고, 물리적으로도 실행할 수 있지만 실제로 실행에 옮기지 않는 경우가 많이 있습니다. 대표적인 예로 다이어트의 실패를 들 수 있습니다. 최근의 연구에서는 이러한 행동의 원인이 '사람다움'에 있다는 것이 밝혀졌습니다.

이 책에서 다루는 '사람다움'이란, 기억력이나 인지 능력의 한계로 인해 현실 인식에 선입견이 발생하며, 결과적으로 비합리적인 선택이나 행동을 하게 되는 특성을 지칭합니다. 이러한 특성은 '제한된 합리성'이라고도 불립니다. 제한된 합리성은 1947년 허버트 알렉산더 사이먼에 의해 처음 제시된 개념으로, 그 자체로는 새로운 것은 아니지만, 최근 주목받는 행동 경제학의 기초가 되는 개념입니다. 또한, 사람의 '인지 편향'에는 다양한 공통 패턴이 있다는 것이 주로 심리학적 연구를 통해 밝혀졌습니다. 이와 같이 심리학의 지식이 경제학의 프레임과 결합된 분야가 바로 행동 경제학과 실험경제학입니다.

'사람다움'은 인간의 본성상 피할 수 없는 특성입니다. 이러한 특성이 사회문제 해결의 장애물이 되기도 합니다. 아무리 훌륭한 기술이나 제도라도 올바르게 활용되지 않으면 그 진가를 발휘할 수 없는데, 이 활용의 장애물이 바로 '사람다움'입니다.

따라서, 이 장에서는 '먹다'에 관련된 사회문제 중에서도 '사람다움'이 문제 해결에 방해가 되는 경우를 살펴보고자 합니다.

'먹다'는 선입견이 생기기 쉽다

사람의 인지 편향은 일정하지 않으며, 선택이나 행동의 실제 조건에 따라 선입견의 종류나 강도가 변합니다. 또한, '먹다'라는 행위나 상황은 인지 편향이 발생하기 쉬운 조건을 갖추고 있습니다. 예컨대, 사람들은 매일 반복적으로 수백 번의 '먹다'와 관련된 선택을 해야 합니다. 이러한 이유로, 이들 모든 것에 대해 일일이 심도 있게 생각하는 것이 현실적으로는 어렵습니다. 그런 상황에서는 인지 편향에 더욱 쉽게 빠질 수 있습니다. 우리는 어떠한 인지 편향에 쉽게 빠지는지, 1장에서 언급한 '먹다'의 특수성과 인지 편향의 관계를 다시 살펴보겠습니다. 여기서는 다음의 두 가지 특성에 주목합니다.

① '먹다'는 생명 유지에 직결된다.

② '먹다'는 몸 밖의 것을 몸 안으로 넣는 행위이다.

먼저, 사람은 자신에게 바람직하지 않은 것이나 좋지 않은 것을 과소평가하거나 무시하는 경향이 있습니다. 이러한 인지 편향으로는 '낙관적 편향', '정상화 편향', '타조 효과' 등이 있습니다. 그리고, '먹다'는 생명 유지와 직결되기 때문에, 이에 관한 불편한 정보는 믿고 싶지 않은 심리적 영향이 작용하여, 이러한 인지 편향이 발생하기 쉽습니다.

예를 들어, '지금의 식생활을 지속하면 기후변화로 인하여 30년 후에는 식량이나 물의 가격이 50% 이상 상승하고, 열 명 중 일곱 명은 제대로 된 식사조차 할 수 없게 된다'라는 예측이 있다고 가정해 보겠습니다. 그러나, 아무리 예측을 믿는다 해도 실제로 지금의 식생활을 바꿀 사람은 거의 없을 것입니다. 왜냐하면, '낙관적 편향'으로 인하여 대부분은 자신에게는 영향이 없을 것이라 생각하기 때문입니다. 하지만, 실제로 영향이 없는 것은 열 명 중 세 명뿐이므로, 그렇게 생각하는 사람들의 대부분은 '자신이 제대로 된 식사조차 할 수 없게 된다'라는 가능성을 과소평가하고 있는 것입니다.

게다가, 기후변화와 같은 지금까지 경험하지 못한 엄청난 일에 대해서는 사람들이 '그런 일은 일어나지 않을 것이다'라며 자신에게 불편한 정보를 무시하거나 과소평가하는 경향이 있습니다. 이를 '정상화 편향'이나 '타조 효과'라고 합니다. 따라서 아무리 자신이 기후변화의 영향을 받을 것이라고 인식하더라도, '실제로는 50%나 가격이 오를 일이 없다'라거나, '어떻게든 될 것이다'라고 영향 자체를 과소평가해 버리게 됩니다.

또한, '먹다'는 몸 안으로 받아들이는 행위 또한 받아들이기 어려운 심리적인 영향을 강화합니다. 1장에서 언급한 것처럼, 이번에도 여러분의 몸을 집에 비유해 보겠습니다. 다음과 같은 두 가지 상황이 있습니다. 어느 쪽이 더 받아들이기 어려울지 고민해 보시기 바랍니다.

상황 ① 우리 집 앞에서 수도 계량기를 점검하고 있는 사람은 도둑이다.

상황 ② 우리 집으로 들어와서 화장실 수리를 하고 있는 사람은 도둑이다.

어느 쪽이든 믿고 싶지 않겠지만, 상황② 쪽이 더욱 받아들이기 어렵다고 느끼지 않으셨나요? 수상한 사람을 발견하더라도 그 사람이 있는 곳이 집 안인지 밖인지에 따라 심증은 크게 달라집니다.

비슷한 원리로, 몸 안에 넣는 식품의 경우 그렇지 않은 상품과 비교해서 바람직하지 않은 정보를 거부하는 심리적인 영향이 더 강하며, 결과적으로 인지 편향이 발생하기 쉽습니다. 게다가, 이러한 상황을 한번 경험한 뒤에는 상황② 쪽에서 더욱 과도한 거부 반응을 보일 것입니다. 사람에 따라서는 이후에 화장실 수리뿐만 아니라, 하자 점검이나 전기공사와 같은 다양한 문제가 발생했을 때 외부인을 자신의 집에 들이지 않고 거부하게 될 수도 있습니다.

이러한 과민 반응은 결코 합리적이라고 볼 수는 없지만, 드문 현상이 아니며, 심리학에서의 '확실성 효과'와 연결되어 있습니다. 여기서 언급하는 확실성 효과란, 지금까지 안전하다고 믿었던 것에 아주 작은 위험이 더해지면 실제보다 훨씬 과도하게 위험을 느끼게 되는 심리적인 효과를 의미합니다. 이와 같은 원리로, 식품의 안전성은 다른 상품들의 안전성에 비해 사람들이 아주 작은 위험에도 과도하게 반응할 가능성이 높습니다.

예를 들어, 케냐의 한 연구에서는 HIV/AIDS에 감염된 사람에 대한 편견을 조사하기 위해, HIV/AIDS에 감염된 사람이 만든 '봉지 땅콩'과 '손으로 만든 빗자루'가 일반 땅콩과 빗자루에 비해 얼마나 기피되는지를 비교하였습니다. 여기서 중요한 점은, HIV/AIDS는 경구(입)로는 전염되지 않기 때문에 어느 쪽도 감염될 위험은 거의 없다는 것입니다. 그럼에도 불구하고, 땅콩 구입은 약

50% 감소하였으며, 빗자루 구입은 약 40% 감소하였습니다. 양쪽 모두 놀라울 정도의 과민 반응을 보였지만, 식품 쪽을 더 기피했다는 것을 확인할 수 있습니다.

'먹다'가 내포한 특성에는 위의 두 가지 성질 이외에도 사람의 인지 편향이 발생하기 쉬운 여러 조건이 있습니다. 다른 특성과 인지 편향과의 관계에 대해서는 앞으로 실제 사회문제와 연관시켜 설명해 나가도록 하겠습니다.

보조금을 주어도 영양부족을 해결하기 어렵다

우선 5장에서 언급한 개발도상국에서의 영양부족 문제에 주목하겠습니다. 기존의 경제학적 프레임에서는 '빈곤한 가정에 식비를 보조하면, 해당 가정의 에너지 섭취량이 늘어나 영양부족도 줄어든다'라고 생각하는 경우가 많습니다. 이를 당연하다고 느끼는 분도 많을 것입니다.

그러나 실제로는 비용을 보조한 만큼 먹는 양이 꼭 늘어나는 것은 아닙니다. 예를 들어, 빈곤한 가정이 영양부족에서 벗어나기 위해 추가로 만 원어치의 밀이 필요하다고 가정해 보겠습니다. 그래서 정부는 만 원어치의 밀을 지급합니다. 그러나, 빈곤한 가정이 섭취하는 밀의 양은 오천 원어치밖에 늘지 않거나, 거의 늘지 않을 수 있습니다. 결과적으로 영양부족은 기대만큼 개선되지 않습니다.

구체적인 예로, 인도 정부가 실시하고 있는 '공공 배급 시스템(Public Distribution System, PDS)'을 살펴보겠습니다. PDS는 빈곤한 가정의 주요 식량 접근성을 확보하기 위해 곡물이나 설탕 등에 대한 구입 보조금을 지급하고 있으며, 연간 약 7,500억 루피(약 1조 1,045억 엔)가 투입되고 있습니다. PDS는 1947년에 시작되어 이후 몇 차례 개혁을 거쳐 1997년에 현재의 형태가 되었습니다.

그러나, PDS가 실시되었음에도 불구하고 인도에서의 영양 부족률은 3년 평균을 살펴보면 2003년 18.4%에서 2020년 15.3%까지밖에 줄어들지 않았습니다. 인구는 해마다 1%씩 증가하고 있어, 영양부족인 사람의 수는 2003년 1억 9,830만 명에서 2020년에는 2억 860만 명으로 오히려 증가하고 있습니다.

지금까지 수많은 연구가 PDS의 식생활이나 영양 상태 개선 효과에 대해 분석하고 있지만, 대부분의 연구 결과는 그 효과가 낮다고 결론지었습니다. 이러한 연구 중 하나로, 콩류의 구입 보조금이 빈곤한 가정에서 콩류 섭취량과 단백질 섭취량을 어느 정도 증가시켰는지 검증한 연구가 있습니다.

구입 보조금이 시행되기 이전, 한 가정당 단백질 총섭취량은 하루 191.6g으로, 권장 섭취량인 하루 약 240g보다 적어 단백질 부족 상태였습니다. 또한, 한 가정에서 콩류로부터 섭취하는 단백질은 하루 23.24g에 불과했습니다. 콩류 섭취량을 구입 보조금으로 두 배 이상으로 늘릴 경우, 권장 섭취량에 크게 근접할 수 있을 것입니다.

그러나, PDS의 도입으로 콩류의 구입 패턴은 크게 바뀌었지만, 전반적인 단백질 섭취량은 크게 늘지 않았습니다. 이는 PDS로 인하여 저렴해진 비둘기콩이나 우라드콩[1]의 구입량은 두 배로 증가했으나, 가격이 낮아지지 않은 다른 콩류의 구입량은 크게 감소했기 때문입니다.

결과적으로 콩류 1kg 어치의 보조를 통해 한 가정이 한 달간 섭취하는 콩류의 양은 126g에서 266g 정도만 증가했습니다. 그리고 콩류에서 섭취하는 단백질은 한 가정당 하루 단 1.38g만 증가했습니다. 반면, 전체 식생활을 고려할 때, 총단백질 섭취량은 한 가정당 하루 11.96g 증가했습니다. 이는 콩류에 대한 보조금으로 인해 생긴 추가 자금으로 고기 등을 더 구입하게 된 결과입니다. 그러나 단백질의 권장 섭취량과의 차이는 한 가정당 하루 약 50g이므로, PDS의 효과는 결코 충분하다고는 할 수 없습니다.

만약 다른 콩류의 섭취량을 유지하였다면, 이 보조금으로 인해

…

1 **역자 주**: 검은빛으로 광택이 나며 타원형에 녹두만한 크기를 지닌다. 약간의 흙냄새가 나고 대부분 껍질을 벗기지 않은 상태로 유통된다.

하루 총단백질 섭취량은 약 23g이 증가하였을 것입니다. 그러나 현실은, 단백질 부족에도 불구하고 보조금의 효과를 반감시키는 행동이 있었습니다.

이러한 행동을 일으키는 인지 편향으로는 '심리적 회계'와 '리스크 보상 행동'이 있습니다. '심리적 회계'는 개인이 머릿속으로 결정한 손익 계산법을 의미하며, 객관적인 가치판단과 차이가 발생할 수 있습니다. 예를 들어, 복권에 당첨되어 얻은 십만 원과 아르바이트를 통해 번 십만 원은 객관적으로 모두 십만 원이며, 최선의 사용 방법도 동일합니다. 그러나 심리적 회계가 작용해 복권으로 얻은 예상치 못한 수입인 십만 원은 쉽게 낭비하는 반면, 일하여 번 십만 원은 생활비로 신중하게 사용하는 경우가 있습니다. 이와 유사하게, 빈곤한 세대에서는 정부로부터 받은 보조금을 '얻었다'거나 '어차피 남는 돈'으로 인식하여, 필요성이 상대적으로 낮은 술이나 담배, 또는 약간 사치스러운 고기 등을 구입하는 데에 사용하는 경우가 있습니다.

한편, '리스크 보상 행동'은 주변 환경의 위험성이 감소하면, 마치 이를 보상하듯 위험한 행동을 하는 경향을 말합니다. 즉, 보조금을 받아 금전적으로 약간의 여유가 생기면, 이전보다 건강에 해로운 생활 양식을 선택할 가능성이 있다는 것입니다. 이러한 인지 편향은 정부에서 받은 보조금으로 인해 사람들의 식생활이 악화되거나, 담배와 술 소비량이 증가하는 원인 중 하나입니다.

✔ 아이들의 생명에 영향을 미치는 잘못된 인식

개발도상국에서는 식량 부족뿐만 아니라, 안전한 물을 구하기 어렵다는 문제도 있습니다. 그리고, 안전하지 않은 물로 인해 발생하는 심각한 문제 중 하나가 어린아이들의 설사입니다.

유니세프(국제연합아동기금)에 따르면, 2017년에 전 세계 다섯 살 미만 어린아이 중 약 8%가 설사로 인해 사망했습니다. 즉, 설사로 인한 하루 평균 사망자 수는 약 1,400명, 연간으로는 약 52만 5,000명에 달하며, 이 중 90%에 가까운 비율이 남아시아와 아프리카에 집중되어 있습니다.

'설사 정도야 간단하게 낫겠지'라고 생각하는 사람들이 많을 수 있습니다. 사실, 설사는 예방이 가능한 질환입니다. 예방접종, 모유수유, 비누로 손 씻기, 가까운 곳에 안전한 마실 물과 화장실을 확보하는 것만으로도 간단히 예방할 수 있습니다.

게다가, 설사에 걸렸더라도 경구재수화염[2]이라는 저렴하고 효과적인 치료법이 존재하며, 거의 100% 완치가 가능합니다. 설사로 인

…

2 역자 주: 탈수 증상의 환자에게 물에 녹이는 등으로 투여하는 전해질 제제이다. 주로 충분한 의료 혜택을 받지 못하는 지역에서 설사성 질환 환자를 치료하는데 커다란 효과를 발휘한다.

한 사망의 대부분은 탈수 증상이 주요 원인이므로, 적절한 수분 보충만으로도 치료가 가능합니다. 참고로, 경구재수화염은 일본에서는 열사병 대책으로 편의점 등에서 판매되고 있습니다.

실제로 예방 및 경구재수화염 덕분에, 설사로 인해 사망하는 다섯 살 미만 아이들의 수는 전 세계적으로 2000년에는 약 120만 명에서 2017년에는 약 52만 명으로 크게 감소하였습니다. 그러나, 다섯 살 미만 아이들 중 설사로 인한 사망의 90% 이상은 경구재수화염으로 구제할 수 있었습니다. 따라서, 단순 계산으로 볼 때, 2017년에는 설사로 인한 아이들의 사망자 수가 5만 명 정도까지 감소할 수 있었을 것으로 생각할 수 있습니다.

실질적인 문제는 개발도상국에서 경구재수화염의 사용이 널리 퍼져 나가지 않고 있다는 점입니다. 경구재수화염은 매우 저렴하게 혹은 무료로 제공되고 있으며, 병원에서 쉽게 구할 수 있음에도 불구하고, 이용되지 않고 있습니다.

2016년 인도의 자료에 따르면, 다섯 살 미만의 아이가 설사 증상을 보일 때, 부모의 67.9%는 병원이나 그와 유사한 곳에 상담을 했으나, 실제로 경구재수화염을 사용한 경우는 40.1%에 불과했습니다. 2020년의 데이터를 보면, 설사 증상을 보인 다섯 살 미만 아이들에게 경구재수화염 치료가 적용된 비율은 개발도상국 전체에서 40.8%에 머물러 있습니다.

그렇다면 이들은 왜 경구재수화염을 사용하지 않는 것일까요?

도입 당시 정부와 연구자들은 '부모의 교육 수준이 낮아서 그런 것이며, 교육을 통해 문제를 해결할 수 있을 것'이라고 생각하였습니다. 또한, '경구재수화염에 대한 정보를 더 널리 알리면 문제가 해결될 것'이라고도 보았습니다. 따라서 개발도상국에서는 교육 프로그램과 정보 제공 캠페인에 많은 자원이 투입되었습니다. 하지만, 상황은 크게 개선되지 않았고, 부모의 행동은 예상만큼 변하지 않았습니다.

이러한 부모의 행동을 설명하는 인지 편향으로는 '오귀인(misattribution)', '손실 회피성', '현상 유지 편향'과 같은 것을 생각할 수 있습니다.

'오귀인'이란, 실제 원인을 착각하여 잘못된 인과관계를 믿는 것을 의미합니다. 설사를 예로 들면, 안전하지 않은 물을 마시기 때문에 설사가 발생하고, 이로 인해 아이가 사망하는 경우, 부모는 '물을 마시게 하면 더 나빠진다'라고 착각하게 됩니다. 이 때문에 설사를 앓고 있는 아이에게는 물을 마시게 하지 않는 것이 좋다고 여겨, 경구재수화염도 액체이므로 아이에게 주지 않는 것입니다. 실제로 인도에서의 조사에 따르면, 빈곤한 가정의 여성 중 35~50%가 '아이가 설사를 할 때에는 수분을 적게 섭취시킨다'라고 대답하였습니다.

그러나, 설사를 하는 아이가 사망하는 진짜 원인은 탈수 증상 때문입니다. 따라서 아이가 설사를 하고 있더라도 꾸준히 수분을 공급해 주는 것이 올바른 치료 방법입니다. 경구재수화염을 먹이는 것이 최선이지만, 안전하지 않은 물밖에 없더라도 물을 끓여서 마시게 하는 것이 더 나은 방법이며, 잘못된 판단으로 수분 섭취를 줄이는 것은 오히려 아이들의 상태를 악화시킵니다. 그러나, 한번 가진 잘못된 믿음을 바꾸는 것은 쉽지 않으며, 생각을 바꾸지 않으면 행동 역시 바뀌지 않습니다.

이렇게 아이들의 생사가 걸린 문제에 있어서는 '손실 회피성'이라는 인지 편향이 작용하여, 부모의 행동을 바꾸기가 더욱 어려워집니다. 손실 회피성이란, 동일한 값의 이익과 손실을 비교할 때, 이익에서 얻는 만족보다 손실로 인해 잃는 만족을 더 크게 느끼는 심리적 경향을 의미합니다.

이익보다 손실을 과도하게 두려워하며 현재 상황을 바꾸려 하지 않는 경향을 '현상 유지 편향'이라고 합니다. 이러한 경우에서는 '경구재수화염을 사용하여 아이를 구하는 이익'보다 '경구재수화염을 사용하여 아이가 죽는 손실'을 과도하게 두려워하는 나머지, 현재의 행동 패턴을 유지하며 경구재수화염의 사용을 회피하게 됩니다.

살이 바로 찌지 않을 것 같다는 착각

이제 비만이나 환경 문제에서 공통적으로 발견되는 특성과 인지 편향의 관계에 대해서 살펴보겠습니다. 이러한 문제들의 공통된 특성은 '먹다'와 이로 인한 결과 사이에 큰 시차가 있어 인과관계가 모호해진다는 점입니다. 즉, 먹은 후에 비만이 되거나 환경 문제가 발생하기까지 몇 개월에서 몇 년이 걸리기 때문에 자신의 건강이나 생활에 어느 정도로 악영향을 미치는지 모호해지는 것입니다. 이러한 특성은 '현재 중시 편향'이나 '모호성 회피'라는 인지 편향을 쉽게 일으키기도 합니다.

'현재 중시 편향'은 미래의 만족보다는 현재의 만족을 더 중요하게 여기는 경향을 말합니다. 이는 경제학에서 '시간 할인율'이라는 개념을 통해 설명하기도 합니다.

간단한 예를 들어 보겠습니다. '햄버거를 먹는 것'에서 얻는 만족도를 10이라 하고, '살찌지 않는 것'에서 얻는 만족도를 11이라고 하겠습니다. 그리고 햄버거를 먹으면 일 년 후에 반드시 비만이 된다고 가정해 보겠습니다. 만약 햄버거를 먹자마자 비만이 된다면 선택은 간단합니다. 두 경우의 만족도를 비교하여 만족도가 더 큰 '살찌지 않는 것'을 선택하고 햄버거는 먹지 않을 것입니다.

하지만 여기에서 비교해야 하는 만족도는 '지금 바로 햄버거를 먹는 것'에서 얻는 만족도와 '일 년 후에 살찌지 않는 것'에서 얻는 만족도입니다. 사람들은 대개 현재의 만족을 미래의 만족에 비해 과대평가하는 경향이 있습니다. 예를 들어, 일 년 후의 만족도를 10% 할인한다고 가정합시다. 이 10%의 할인은 경제학에서 말하는 '시간 할인율'에 해당합니다.

이로 인해 '일 년 뒤에 살찌지 않는 것'의 만족도는 11에서 10%를 할인한 값인 9.9가 됩니다. 한편, '지금 바로 햄버거를 먹는 것'의 만족도는 10이므로, 사람들은 보다 높은 만족도를 주는 '지금 바로 햄버거를 먹는 것'을 선택하게 됩니다. 그러나 일 년 뒤에 실제로 살이 쪘을 때 그 시점에서의 만족도를 비교하면 '살찌지 않는 것'이 '햄버거를 먹는 것'보다 높은 만족도를 줌으로써, 사람들은 '왜 일 년 전에 햄버거를 먹었을까'하고 후회하게 됩니다. 이러한 '시간 할인율'의 영향은 '먹다'와 이로 인한 결과 사이의 시차가 길수록 더 커집니다. 지금까지 경제학에서는 '시간 할인율'이 일정하다고 가정하고, 할인율의 합계는 시간이 길어짐에 따라 꾸준히 증가한다고 생각하였습니다. 그러나 연구를 통해 실제로는 선택한 조건에 따라 '시간 할인율'이 변할 수 있다는 것이 밝혀졌습니다. 이를 행동 경제학에서는 시간 할인율의 '변칙(anomaly)'이라고 부르며, 이 중에서도 '금액 효과'와 시간의 비정합성에 주목하겠습니다.

'금액 효과'란 시간 할인율이 금액이 적을 때 높게 나타나는 경향을 말합니다. 예를 들어, 아래와 같이 두 가지 질문이 있습니다. 각각의 선택지 A와 B 중에서 선호하는 쪽을 골라 보세요.

질문 1: A 오늘 5,000원을 받음 / B 내일 5,050원을 받음

질문 2: A 오늘 5,000만 원을 받음 / B 내일 5,050만 원을 받음

어떤 것을 선택하셨나요? 만약 시간 할인율이 금액에 영향을 받지 않는다면, 즉 금액 효과가 없는 경우라면 어느 질문에서든 A를 선택하거나 B를 선택할 것입니다. 그 이유는, 질문 1과 질문 2에서 받는 것을 하루 연장하여 얻을 수 있는 금리는 모두 1%이기 때문입니다.

하지만 실제로는 질문 1에서는 A를, 질문 2에서는 B를 선택하는 사람이 더 많을 것입니다. 5,000만 원의 경우에는 하루를 기다려 얻을 수 있는 이익이 1%로 크지만, 5,000원의 경우에는 1%로는 부족하다는 것입니다. 다시 말해, 5,000만 원의 경우 시간 할인율은 1% 미만이겠지만, 5,000원에서는 1%보다 높다고 볼 수 있습니다. 즉, 금액이 적을수록 시간 할인율이 높아지는 것입니다.

이러한 금액 효과로 인해, 가격이 낮은 식품을 선택할 때는 가격이 높은 자동차를 선택할 때와 비교하여 시간 할인율이 높게 나타나는 경향이 있습니다. 다시 말해, 자동차를 선택할 때보다 식품을

선택하는 쪽에서 현재 중시 편향이 더 강하게 나타날 가능성이 있는 것입니다. 이러한 경향은 환경에 유익한 자동차는 선택하지만 환경에 해로운 식품은 피하는 행동의 한 이유로 볼 수 있습니다.

다음으로, '시간의 비정합성'이라는 개념은 '현재의 자신'과 '미래의 자신' 간의 가치판단에서 정합성이 떨어지는 특성을 말합니다. 예를 들어, 다음 두 개의 질문에서 각각 선택지 A와 B를 중에서 선호하는 쪽을 골라 보시기 바랍니다.

질문 3: A 오늘 50만 원을 받음 / B 내일 50만 5천 원을 받음
질문 4: A 365일 뒤에 50만 원을 받음 / B 366일 뒤에 50만 5천 원을 받음

만약 시간에 대한 정합성이 있는 사람이라면, 질문 3과 질문 4에서 '돈을 받기까지 하루를 기다리면 얻을 수 있는 금리와 금액'은 동일하므로 어느 쪽이든 A를 선택하거나 B를 선택할 것입니다. 하지만 실제로는 사람들은 질문 3에서는 A를, 질문 4에서는 B를 선택하는 경향이 있습니다. 즉, '미래의 자신'에 비해 '현재의 자신'이 현재 중시 편향을 더 강하게 나타내는 것입니다.

더 간결히 말하자면, 사람은 눈앞의 이익에 대해 인내심을 발휘하기 어렵다는 것입니다. 또한, 일상적으로 식품을 선택하는 것은

많은 사람들에게 당장 결정을 내려야 할 경우가 많으며, 이럴 때일수록 사람들은 더욱 건강하지 못한 식사를 선택하는 경향이 있습니다.

예를 들어, 미국의 시카고와 로스앤젤레스에서 실시된 배달 서비스를 이용한 현장 실험이 있습니다.

이 실험에서는 참가자들에게 일주일 뒤에 도착하는 배달 주문을 하도록 안내합니다. 주문은 2만 원 정도의 예산으로 열 가지 채소나 과일, 또는 열 가지 과자 중에서 선호하는 것을 고르게 하는 것입니다. 그리고 일주일 뒤 배달이 도착하는 당일, 참가자들에게 갑자기 일주일 전에 주문한 내용을 변경할 수 있다고 알려 줍니다.

그러자 46%에 달하는 사람들이 일주일 전에 주문한 내용에서 채소나 과일을 줄이고 과자를 늘려서 더 건강하지 않은 옵션으로 변경하였습니다. 이러한 변경으로 인해 주문의 총에너지양은 평균적으로 60kcal 증가하였습니다. 즉, 사람들은 장기적인 관점에서 건강한 식생활을 계획할지라도, 계획을 실행하는 '현재'가 되면 '미래'의 건강을 희생하여 건강하지 않은 식생활을 선택하게 되는 것입니다.

이러한 선택이 이루어지는 또 다른 이유로는 '모호성 회피'가 있습니다. 사람들은 결과가 불확실한 선택지를 피하려는 경향이 있습니다. 그리고, '식사'가 '미래'의 건강과 자연환경에 미치는 영향은 몇 년 후 또는 수십 년 후에야 밝혀지기 때문에, '현재'는 모호한 예측만이 가능합니다. 반면, 현재 맛있는 것을 먹을 경우 확실한 만족감을 얻을 수 있습니다. 이 때문에, 사람들은 '미래'의 건강과 환경을 고려하기보다는 '현재'의 즐거움을 고려하여 식생활을 선택하게 되는 것입니다.

식품 안전성에 대한 과민 반응

식품 안전성이란 포장만으로는 알기 어려운 특징 때문에 주로 자신의 과거 경험이나 타인의 정보를 바탕으로 판단하는 경우가 많으며, 이 과정에서 인지편향이 발생하기 쉽습니다. 다음으로 개인 단위의 인지편향이 아닌, 집단에서 발생하는 사회환경의 영향에 대해서 살펴보겠습니다. 식품 안전성에 대한 과민반응은 크게 나누어 아래와 같은 두가지 경우가 있습니다.

패턴 ① 실제의 위험보다 과다하게 인식하는 경우
패턴 ② 작은 위험인데도 감정에 휩쓸려 받아들이지 못하는 경우

우선 패턴 ①을 불러일으키는 '사람다움'으로 '가용성 휴리스틱(Availability heuristic)'과 '가용성 캐스케이드(Availability cascade)'가 있습니다.

'가용성 휴리스틱'이란, 사람이 위험을 판단할 때, 쉽게 접하는 정보나 떠올리기 쉬운 정보를 우선적으로 활용하거나 중요시하는 경향을 말합니다. 예를 들어, 친한 친구로 부터 '어떤 가게의 도시락을 먹고 배가 아팠다'라는 말을 들으면, 도시락이 원인인지도 모른 채 친구 이외의 손님들은 아무렇지 않더라도 마음 어딘가에서 그 가게의 도시락에 대한 안전성을 의심하게 되는 것입니다.

한편, '가용성 캐스케이드'는 한사람의 일방적인 의견이 SNS와 같은 곳에서 확산되거나, 미디어에서 편향적으로 보도되어, 사회 전체적으로 선입관이 생겨나는 현상을 말합니다. 예를 들면, 6장에서 언급한 소해면상뇌증(BSE)의 사례가 있습니다. 2001년 지바현에서 돌연 BSE 감염이 의심되는 소가 나타나자, 보도 경쟁이 과열되어 일본 전체가 혼란에 빠졌던 것입니다.

당시 일본에서는 출생 직후 30개월령 이상인 소를 대상으로 스크리닝 검사를 시작하였습니다. 하지만, 이후 과학적 근거 없는 보도나 여론에 휩쓸려 검사 대상이 이내 전수 검사로 확대되었습니다.

여기서 문제였던 것은 송아지(30개월령 미만)를 검사해도 의미가 없다는 과학적인 사실을 무시하고 전수 검사로 확대한 점입니다. BSE를 일으키는 이상 프리온이라는 단백질은 월령이 높아질수록 뇌에 축적되어, 검사로 검출될 정도로 이상 프리온이 축적되기까지 평균 50개월이 걸린다는 것이 이미 알려져 있었습니다. 이 때문에 송아지가 감염되었다 하더라도 검사로는 검출되지 않습니다. 이는 전문가들 사이에서는 널리 알려진 내용이었습니다. 이미 BSE 문제에 대처하고 있던 유럽의 많은 나라들도 30개월령 이상의 소만을 검사 대상으로 삼았던 것은 이러한 이유에서였습니다.

한마디로, 최초에 30개월령 이상의 소만을 검사 대상으로 한 정부의 판단은 합리적이고 적절했습니다. 하지만 일본 사회는 유럽의 사례나 전문가의 의견보다도 가까운 곳에서 접하기 쉬운 TV 프로그램이나 주간지에 실린 정보를 우선시했으며, 일본 정부는 사회 분위기를 거스를 수 없었습니다. 게다가 전수 검사로 확대하는 과정에서 수백억 엔이 무의미한 검사에 쓰여졌고, 그 비용은 세금으로 충당되었습니다. 이를 고려하면, 과학적인 관점뿐만 아니라 경제적인 관점에서도 비합리적인 선택이었다고 할 수 있습니다.

소비자가 BSE의 보도에 과민 반응하는 현상은 미국이나 한국과 같은 곳에서도 발견되었습니다. 예를 들어, 미국에서 실시한 실험에서는 무작위로 선택한 피실험자에게 5분 동안 BSE에 관한 뉴스를 시청하게 한 뒤, 그 후에 소고기를 사용한 햄버거 한 개에 지불하고 싶은 금액을 물었습니다. 그 결과 뉴스를 시청하지 않은 그룹에서는 평균 2.44달러였지만, 뉴스를 시청한 그룹에서는 평균 1.39달러로 매우 낮아졌습니다. 즉, BSE에 관한 뉴스를 5분 동안 시청한 것만으로도 피실험자들은 햄버거의 가치를 60%나 낮게 평가하였던 것입니다.

이러한 반응보다도 더 극단적인 반응이 패턴 ②입니다. 이는 금액의 문제를 떠나 무조건 위험을 받아들이지 못하는 경우를 말합니다. 이러한 반응을 설명하는 '사람다움'으로는 '확실성 효과'와 '제로 리스크 편향'이 있습니다. '제로 리스크 편향'이란, 위험이 제로(0)가 되는 것을 무엇보다도 우선시하는 경향을 말합니다.

예를 들어, 어떤 식품 공장에서 식품이 오염될 확률을 '56%에서 55%로 줄이기 위해 일억 원을 들이는 계획'과 '1%에서 0%로 줄이기 위해 일억 원을 들이는 계획'이 제안되었다고 가정해 보겠습니다. 어느 쪽이든 오염 확률을 1% 떨어뜨리기 위해 일억 원을 들이는 것은 마찬가지입니다. 그럼에도 불구하고 1%에서 0%로 줄이는 쪽이 더 가치 있는 것처럼 느껴지게 됩니다.

패턴 ②에 대한 예시로는 후쿠시마현산 쌀에 관한 사례가 있습니다. 후쿠시마현은 원자력발전소 사고가 발생한 2011년부터 2020년까지 현 내에서 생산된 모든 쌀을 대상으로 방사성 물질 검사(전수 검사)를 실시해 왔습니다(현재는 현의 일부 지자체에서만 실시). 생산된 쌀의 양은 연간 약 37만 톤이며, 이를 전부 검사하는 데에는 연간 약 60억 엔이나 들었습니다. 그럼에도 소비자들의 '식품의 방사성 물질에 의한 건강 피해에 대한 불안'을 조금이나마 경감시키기 위해 이러한 검사가 실시되었습니다.

그리고, 2015년 이후 국가의 기준치인 1kg당 방사성 세슘 100 베크렐[3]을 넘는 쌀은 한 포대도 발견되지 않았습니다. 그럼에도 불구하고, 후쿠시마현산 쌀은 절대로 사지 않겠다는 소비자들이 여전히 적지 않습니다.

일례로, 저희 연구 그룹이 2016년과 2020년에 수행한 조사에서 '아무리 저렴해도 후쿠시마현산 쌀은 사지 않겠다'라고 응답한 사람은 2016년에는 전체의 35%, 2020년에는 여전히 27%에 달했습니다. 이유를 살펴보면, 약 30%의 사람들은 '검사를 신뢰할 수 없다'라고 답하였고, 또 다른 약 30%의 사람들은 '방사성 물질을 피하고 싶다'라고 표현하였으며, 나머지 약 40%의 사람들은 구체적인 이유는 명시하지 않았습니다.

2015년 이후의 전수 검사 결과를 감안할 때, '검사를 신뢰할 수 없다'라는 이유를 제외하면, 다른 이유들은 합리적이라고 볼 수 없

...

3 **역자 주**: 방사능 활동의 단위로, 1베크렐은 매 초마다 1개의 핵이 붕괴되는 것을 의미한다. 100베크렐은 매 초마다 100개의 핵이 붕괴되는 것을 나타낸다. (단, 필자는 1kg당 100베크렐이 안전하다는 기준으로 확증 편향에 대해서 이야기하지만, 일본이 설정한 100베크렐의 식품 방사능 기준은 일부 한국 국민들 사이에서 분명 논란의 여지가 있다. 일부는 이 기준이 너무 높게 설정되었다고 생각하며, 방사능에 대한 안전 기준에 대한 불신감을 가지기도 한다. 반면, 전문가 중에서는 이 기준이 국제적으로 인정받는 안전 기준임을 지적하는 경우도 있다.)

으며, 이는 감정적으로 후쿠시마현산 쌀을 기피하고 있을 가능성이 높다는 것을 시사합니다.

더욱이, 이 조사 결과를 통해 일부 사람들이 후쿠시마현산 쌀에 대한 과민 반응을 장기간 유지하고 있다는 것이 확인되었습니다. 이러한 반응이 지속되는 이유로는 '인식의 관성'과 '확증 편향'이 주요 요인으로 생각됩니다.

'인식의 관성'은 한번 형성된 인식이 쉽게 변하지 않는 성질을 말합니다. 이러한 관성으로 인해, 사람들의 후쿠시마현산 쌀에 대한 인식은 원자력발전소 사고 이후 크게 변화하지 않고 있으며, 이와 달리 현실은 크게 개선되고 있어 인식과 현실 사이에 괴리가 발생하고 있습니다. 그 결과, 2020년에도 사고 직후와 유사한 반응이나 과잉 반응이 지속되고 있습니다.

그렇다면 왜 인식은 쉽게 변하지 않을까요? 이에 대한 한 가지 해답은 '확증 편향'에 있습니다. '확증 편향'은 자신의 기존 인식을 뒷받침하는 정보만을 선택적으로 수용하고, 그렇지 않은 정보는 무시하거나 경시하는 경향을 말합니다. 이 경우, 사람들은 사고 직후 '후쿠시마현산 쌀은 위험하다'라는 강한 인식을 형성한 이후로도, 후쿠시마현 또는 국가에서의 개선된 상황에 대한 다양한 정보에도 불구하고, 처음의 인식을 지지하는 정보만을 주목하게 됩니다.

개인이 환경에 미치는 영향은 생각보다 매우 크다

6장에서는 육식이 자연환경에 큰 부담을 주는 것에 대해 논의하였습니다. 그렇지만, 고기 소비량을 감소시키는 것은 결코 쉬운 일이 아닙니다. 앞서 설명했듯이 '현재 중시 편향'과 '현상 유지 편향' 때문에 미래의 환경 문제보다는 당장 맛있는 고기를 선호하게 되는 것입니다.

이러한 인지 편향 외에도 또 다른 이유가 있습니다. 사람들은 최대한 효율적인 선택을 하려고 하는 경향이 있어, 복잡한 생각 없이 쉽게 결론을 도출합니다. 육식과 환경 문제의 관계를 고려할 때, '소소한 노력은 큰 의미가 없을 것이다.'라거나 '채식주의자가 되지 않는다면 별 의미가 없다'와 같이 극단적이고 주관적인 결론에 도달하고, 그 이상의 고민을 하지 않게 됩니다.

이렇게 행동을 전혀 바꾸지 않는다거나 완전히 바꾼다로 극단적으로 고민하는 것은 10% 정도만 바꿔 보자거나 2%씩 점진적으로 바꿔 보자와 같은 다양한 옵션을 고려하는 것보다 간단합니다. 그러나, 이러한 극단적인 선택만을 고려하게 되면, 조금이라도 행동을 바꾼다는 것이 모든 것을 바꾼다로 인식되어, 행동 변화에 부담을 느끼게 되고, 결국 대부분의 사람들은 변화하지 않는 쪽을 선택하게 됩니다.

또한, 행동 변화에 따른 영향을 과소평가하는 경우도 많습니다. 예컨대, '건강을 중시하는 A씨'와 '고기를 좋아하는 B씨' 두 사람이 고기 소비를 줄이는 상황을 가정해 보겠습니다. A씨는 원래 이틀에 한 번 고기를 먹는데, 이를 나흘에 한 번으로 줄입니다. 반면, B씨는 매일 고기를 먹다가 일주일에 다섯 번으로 줄입니다. 이해를 돕기 위해 두 사람 모두 같은 종류의 고기를 한 번에 100g씩 먹는다고 가정합니다.

그렇다면 이 두 사람의 행동 변화를 비교했을 때, 어느 쪽이 육식으로 인한 환경 부담을 더 많이 줄일 수 있을까요?

처음에는 A씨가 더 많이 환경 부담을 줄였을 것이라고 응답하는 사람이 많을 것입니다. A씨는 원래부터 고기를 적게 먹었으며, 빈도를 줄인 비율도 A씨가 50%인 반면 B씨는 29%이므로, 환경에 미치는 영향은 A씨가 더 클 것으로 보입니다. 그러나, 환경 부담을 줄이는 효과를 비교할 때 중요한 것은 '변화한 양'입니다. 일주일 동안 먹는 고기의 양에서 각각 얼마나 줄었는지 살펴보면, A씨는 350g(100g×7/2일)에서 175g(100g×7/4일)으로 175g 감소하였습니다. 반면, B씨는 700g(100g×7일)에서 500g(100g×5일)으로 200g 감소하였습니다. 따라서 줄어든 양이 B씨 쪽이 더 많아 환경 부담을 줄이는 효과도 크다고 할 수 있습니다. 더욱이, 고기를 좋아하는 B씨가 건강을 중시하는 A씨보다 한 번에 먹는 고기의 양이 많다면, 그 차이는 더욱 커질 수 있습니다.

이로 인해, 고기를 좋아하는 사람일수록 소소한 행동 변화가 큰 효과를 가져올 수 있습니다. 그럼에도 불구하고, 이런 예시처럼 A 씨의 영향력이 크다고 잘못 판단하거나 자신의 영향력을 오해하는 경우가 적지 않습니다. 이러한 착각은 육식을 줄이지 않는 이유 중 하나로 작용할 수 있습니다.

'식량 생산'에도 선입견이 생긴다

그렇다면, '식량 생산' 과정에서 '사람다움'이 어떤 방식으로 영향을 미치고 있을까요?

'먹다'의 경우에는 무엇을 먹을지 선택하는 것이 중요했지만, '식량 생산'에서는 바람직한 생산 수단을 선택하는 것이 핵심입니다. 예를 들어, 새로운 기술이나 기계의 도입, 생산 자재 구입, 농지 관리 등이 여기에 포함됩니다. 이러한 점에서 '먹다'와는 달리, '식량 생산'은 그 자리에서 즉시 결정하는 것이 아니라, 몇 달이나 몇 년 후의 생산계획을 세우고, 심사숙고하여 다양한 선택을 해야 합니다. 또한, 일상적인 식사와 달리 큰 금액이 결정에 수반되며, 시장 상황 등도 함께 고려하지 않을 경우 큰 손실이 발생할 수 있습니다. 이러한 이유로 '식량 생산'에서는 '먹다'에 비해 인지 편향이 발생하기 어렵다고 볼 수 있습니다.

그렇다 하더라도, '식량 생산' 과정에서의 선택이 항상 올바르고 편향이나 선입견 없이 이루어지는 것은 아닙니다. 우리는 인간이기 때문에, 선택하는 데 있어서 정보나 지식의 양과 이를 처리하는 능력에는 한계가 있기 때문입니다. 이로 인해 이상적인 '합리적 선택'과 '실제의 선택' 사이에는 차이가 발생하게 됩니다.

이어서, 생산 수단의 선택에 영향을 미치는 '사람다움'의 요소로 '주의력 한계', '시간의 비정합성', '자제력' 등을 중점적으로 살펴보며 구체적인 사례를 들어 설명하겠습니다.

왜 더 나은 제안은 종종 무시되는 걸까?

농가에서는 명확한 경제적 이익과 저렴한 도입 비용에도 불구하고, 어떤 생산수단을 쉽게 채택하지 않는 경우가 있습니다.

미국 연구팀이 실시한 인도네시아에서의 해조류 양식에 관한 실험을 예를 들겠습니다. 인도네시아에서는 카라기난[4]과 같이 한천[5]이

…

4 역자 주: 아이스크림이나 음료수 등에서 원재료의 점도를 높이기 위하여 사용되는 식품첨가물이다.

5 역자 주: 우뭇가사리 따위를 끓여서 식혀 만든 끈끈한 물질로, 음식, 약, 공업용으로 쓰인다.

나 식품 첨가물 등에 사용되는 유케마(Eucheuma)[6]라는 해조류 양식이 활성화되어 있습니다. 연구 대상인 빈곤 지역에 속한 대다수의 영세 어민들은 지주식이라고 불리는, 얕은 해저에 직접 말뚝을 박아 말뚝과 말뚝 사이에 로프를 묶어 해조류를 키우는 방식을 사용하고 있었습니다.

그러나 지주식은 구조가 단순함에도 불구하고, 해조류가 다른 생물에게 먹히기 쉬워 생산성이 높지 않습니다. 생산성이 더 높은 방법으로는 부유식이 존재하는데, 이 방식으로 갑자기 전환한다는 것은 추가 비용과 노동력을 고려할 때 영세 어민에게는 현실적이지 않은 선택입니다.

따라서 연구팀은 지주식을 점진적으로 개선함으로써 해조류 양식 수입을 최대 30%까지 늘릴 수 있다고 어민들에게 설명하며, 실제로 수입이 증가하는 것을 보여 주었습니다. 이 개선 방안은 추가 비용 없이 현재 상황에서도 충분히 실행 가능한 방법이었습니다.

그렇지만 연구가 종료된 이후에 실제로 개선책을 도입한 어민은 거의 없었습니다.

조금 더 상세하게 설명하겠습니다. 지주식의 생산성이 로프 사이의 거리, 로프에 부착하는 종묘 사이의 거리 그리고 양식하는 장

...

6 역자 주: 카라기난을 만드는데 쓰이는 원재료인 홍조류의 일종이다.

소의 파도 높이에 따라 달라지는 것은 어민들도 이미 알고 있었습니다. 한편, 연구팀이 새롭게 제안한 개선책은 이러한 요인들에 더해, 로프에 부착하는 종묘의 크기도 고려해야 한다는 것이었습니다. 파도가 약한 장소에서는 큰 종묘를, 파도가 강한 장소에서는 작은 종묘를 사용하여, 장소에 따라 최적의 크기를 사용함으로써 생산성을 향상시키고 수입도 약 30% 증가시킬 수 있다는 것을 실제로 보여 주었습니다. 종묘의 크기를 조절하는 것은 번거롭지만, 충분히 실행할 수 있는 개선책이었음에도 어민들은 이를 거의 채택하지 않았습니다.

이러한 어민들의 행동은 '주의력 한계'로 설명될 수 있습니다. 주의력 한계를 입증하는 유명한 실험 중에는 '선택적 주의 테스트(Test of Selective Attention)'가 있으며, 개인적으로 추천하는 것은 '농구 인지력 테스트 (Basketball Awareness Test)'라는 동영상입니다. 이 동영상에서 흰색 팀과 검은색 팀이 농구를 하고 있으며, 관람자는 흰색 팀의 패스 횟수를 세는 테스트입니다. 인터넷에서 쉽게 찾아볼 수 있으니[7], 아직 보지 않으셨다면 잠시 책 읽기를 멈추고 동영상을 시청해 보시기 바랍니다.

자, 여러분이 동영상을 시청한 것으로 가정하고 이야기를 계속하

...

7 역자 주: https://www.youtube.com/watch?v=KB_lTKZm1Ts

겠습니다.

사실, 이 동영상의 핵심은 패스의 횟수가 아닌 곰입니다. '도대체 무슨 말이지?'라고 생각하시는 분은 동영상을 다시 한번 시청해 주시기 바랍니다. 동영상에서 곰 복장을 한 사람이 농구하는 사람들 사이를 문워크를 하면서 화면을 가로지르고 있습니다. 대부분의 사람들은 처음에 이 곰을 알아채지 못합니다. 그 이유는 패스 횟수를 세는 것에 집중하다 보니 다른 요소에는 주의를 기울이지 못했기 때문입니다. 이것이 바로 '주의력 한계'의 예시입니다. 현실 세계는 이 동영상보다도 훨씬 더 복잡하며, '재시청'이 불가능합니다. 따라서 사람들은 '자신이 곰을 알아채지 못했다'라는 사실조차도 눈치채지 못하게 됩니다. 또한, '곰이 있었다'라고 해도 믿지 않는 경우가 많습니다.

인도네시아 해조류 양식의 경우를 예로 들면, 패스 횟수는 '로프와 종묘의 거리'를 의미하며, 곰은 '종묘의 크기'에 비유할 수 있습니다. 실제로 대부분의 어민들은 '로프와 종묘의 거리'에 관한 질문에는 정확한 답변을 하였으나, '종묘의 크기'에 대한 질문에는 약 16%만이 답변하였습니다. 이는 '로프와 종묘의 거리'에 주의를 기울였으나, '종묘의 크기'는 간과하였다는 것을 의미합니다. 따라서, 아무리 체험을 통해 학습하였더라도 주의를 기울이지 않은 부분은 '보이지 않는 것'으로 남아, 개선책을 채택하지 않게 되었습니다.

일본에서도 새로운 기술의 도입이 어렵다는 문제는 존재합니다. 예컨대, 새로운 농약의 필요성을 아무리 강조해도 기존 농약에서 쉽게 바꾸려 하지 않는 경우가 허다합니다. 병충해는 기존 농약에 대한 내성이 생기는 경우가 있어, 기존 방법으로 더 이상 효과를 볼 수 없을 때 새로운 방식으로 작용하는 농약이 필요하게 됩니다.

이러한 문제가 어려운 이유 중 하나는, 이 문제가 특정 농가 혹은 마을 주변만의 문제가 아니라는 점입니다. 농가나 마을이 농약을 신중히 관리하여 해충에 내성이 생기지 않도록 해도, 마을 밖이나 해외로부터 병충해가 유입될 수 있어 지자체나 국내 대책만으로는 한계가 있습니다.

예를 들어, 담배거세미나방, 흰등멸구, 노린재 등의 해충은 동남아시아나 중국에서 바다를 건너 일본에 오게 됩니다. 해외에서는 이런 해충에 대하여 과도한 농약 사용이 이루어지며, 일반적인 농약의 다섯 배를 사용해도 살아남는 슈퍼 내성을 가진 해충들이 일본으로 건너오기도 합니다. 이 때문에 기존에 일본에서 사용하던 농약으로는 이들에게 전혀 효과가 없어 큰 타격을 입게 됩니다.

여기에서도 핵심 문제는 '주의력 한계'입니다. 새로운 농약으로 전환하지 않는 농가는 해외에서 일어나는 변화에 주의를 기울이지 않았던 것입니다.

'주의력 한계'의 영향은 새로운 기술 도입 시 특히 커집니다. 새로운 기술의 특성상, 그것은 대부분 '지금까지 아무도 주목하지 않았던 부분'에 있기 때문입니다. 따라서, 아무리 그 기술의 장점을 알고 있더라도, '새로움'에 주의를 기울이지 않으면 그 장점을 인식하지 못하고 채용하지 않게 됩니다. 이러한 점은 기후변화에 대응하기 위한 새로운 생산기술이 널리 채용되지 않는 요인 중 하나이기도 합니다.

비료를 쓰지 않는 불합리성

그럼 이야기를 바꿔서, 아프리카에서의 비료 이용 사례를 살펴보겠습니다. 사하라 이남 아프리카에서는, 주로 식량 생산성이 낮은 농가에서 비료를 거의 사용하지 않는 문제가 있습니다.

비료를 사용하지 않는 이유는 무엇일까요? 비료를 구할 수 없거나 너무 비싸서일까요? 비료가 효과가 없어서일까요? 아니면, 비료의 효과에 대해 잘 알지 못해서일까요? 이와 같은 이유들도 있습니다만, 이것만으로는 모든 것을 설명하기에는 부족합니다.

예를 들어, 케냐의 연구에서는 쉽게 구할 수 있고, 저렴하며, 실제로 효과가 있음을 농가도 알고 있음에도 불구하고, 실제로 비료를 사용하지 않는 경우가 있다는 것이 밝혀졌습니다.

충분한 양의 비료가 시장에 유통되고 있으며, 농촌 근처의 시장에서도 쉽게 구할 수 있습니다. 또한, 작은 농가에서는 필요한 양만큼 적게 구매할 수 있어, 큰 포대로 살 필요도 없습니다. 게다가 케냐 서부의 밀 농가를 대상으로 한 실험에서는 비료 사용량을 늘려 농업 소득이 36% 증가한 것도 확인되었습니다. 그럼에도 불구하고 비료를 사용하지 않는 농가도, 비료 사용으로 수확량과 소득이 증가한다는 것을 이해하고 있습니다.

실제로, 비료에 관한 의식 조사에서는 참가한 밀 농가의 97%가 다음 시즌에는 비료를 사용하겠다고 응답하였습니다. 그러나, 다음 시즌에 실제로 비료를 사용한 농가는 37%에 불과했습니다. 물론, 이러한 의식 조사는 응답자가 기대되는 답변을 할 가능성이 있어, 주의 깊게 해석해야 합니다. 그러나 '사람다움'을 고려한다면, 충분히 이해할 수 있는 상황입니다.

이러한 농가의 모순된 행동을 설명할 수 있는 '사람다움'의 한 예로 '시간의 비정합성'이 있습니다. 사람은 미래의 계획을 세울 때는 더 합리적이고 인내심이 강한 선택을 하는 경향이 있지만, 계획한 시간이 되면 실제로는 그대로 실행하지 않고 게으르게 행동하는 경향이 있습니다.

이처럼 케냐의 농가들도 가까운 시장에 가서 비료를 구입하는 것이 번거로워, 비료를 준비하지 않은 채로 씨 뿌리기 계절을 맞이하게 될 가능성이 있습니다.

또 다른 가능성으로는 '자제력 결핍'이 있습니다. 예를 들어, 말라위 공화국의 연구에서는 농가가 '금전적 여유가 있는 시기'와 '비료가 필요한 시기' 사이에 몇 달의 시차가 있고, 계획적인 저축을 하지 않은 대부분의 농가에서 비료 사용을 포기한다는 결과가 나타났습니다.

더 자세히 설명하자면, 농가의 가계가 가장 여유로울 때는 작물을 수확한 직후이지만, 그때는 비료가 가장 필요 없는 시기이기도 합니다. 따라서, 그 시점에는 돈은 있지만 비료를 구매해야 할 실제적인 필요성이 없습니다. 비료가 필요한 시기는 그로부터 몇 달 후, 씨를 뿌리는 시기입니다. 그리고 자제력이 부족하면, 비료를 구입하기 위한 계획적인 저축을 하지 않고 다른 데에 무계획적으로 지출하게 되어, 비료가 필요한 시기가 되었을 때 비료를 구매할 자금이 부족하게 되는 것입니다.

아직 남은 '사람다움'이란 모순

마지막으로, '식량 생산'에서의 과도한 질소비료 사용과 부족한 잡초 제거 문제를 '사람다움'의 관점에서 살펴보겠습니다.

먼저, 사하라 이남 아프리카의 밀 농가와 대조적으로, 인도나 중국의 쌀 농가에서는 질소비료의 과다 사용이 문제가 되고 있습니다. 농작물을 효율적으로 재배하기 위해서는 질소, 인산, 칼륨 등의 비료를 적절히 배합하여 사용해야 합니다. 이러한 배합은 작물의 종류에 따라 달라집니다. 특히 벼농사의 경우, 질소비료만을 과도하게 사용하면 수확량 감소의 위험이 있습니다.

그렇다면, 왜 농가들은 질소비료를 과다하게 사용할까요? 이는 농가들이 '잎이 푸르면 식물이 건강해지고 수확량이 증가한다'라는 잘못된 인식을 가지고 있기 때문입니다. 질소비료는 식물의 잎의 성장을 촉진하기 때문에, 수확량 향상을 목적으로 과다하게 사용하게 됩니다. 참고로 이런 행동은 잎채소인 시금치 등에서는 발생하지 않습니다.

하지만 벼농사의 경우, 우리가 먹는 부분은 잎이 아닌 종자입니다. 또한, 식물은 자신(잎)의 성장에 필요한 영양(질소)이 충분하면 도리어 자손(종자)을 늘리려 하지 않는 성질이 있습니다. 따라서 볏잎의 성장을 위해 질소비료를 과도하게 사용하면, 종자의 양이 감소하여 쌀 수확량이 줄어들게 됩니다.

다음으로, 생산성 향상을 위해 소소하지만 중요한 활동 중 하나가 잡초 제거입니다. 특히 개발도상국에서는 잡초 제거 횟수를 증가시킴으로써 수확량을 크게 늘릴 수 있습니다. 예를 들어 인도의 연구 결과에 따르면, 잡초 제거를 연 1회에서 연 2회로 늘리면 밀 수확량이 23%, 병아리콩 수확량이 49% 증가할 가능성이 있습니다. 그러나 이러한 정보가 농가에 전달되었음에도 실제로 잡초 제거 횟수는 증가하지 않았습니다.

그렇다면 왜 농가는 잡초 제거 횟수를 늘리지 않았을까요? 이때도 '시간의 비정합성'과 '자제력 결핍'이 문제가 됩니다. 특히, 잡초 제거와 같이 지루하고 손이 많이 가며, 미루어도 즉각적인 문제가 발생하지 않는 작업은 이런 선입견에 영향을 받기 쉽습니다. 간단히 말해, 농가가 잡초 제거의 중요성을 인지하고 연 2회의 잡초 제거를 계획해도, 실제로는 계획을 미루게 되어 결국 연 1회밖에 잡초 제거를 하지 않게 되는 것입니다.

8장에서는 '먹다'와 '식량 생산'에서의 '사람다움'의 영향에 대해 살펴보았습니다. 자연조건이나 시장의 역할뿐만 아니라, '사람다움'의 영향도 파악하는 것은 '식(食)'과 관련된 사회문제를 개선하고 해결하기 위한 정책과 제도를 설계하는 데 있어 매우 중요합니다. 3부에서는 이러한 내용을 더욱 자세히 다루도록 하겠습니다.

3부

미래를 향한 노력과 도전

더 나은 '먹다'를 위한 시행착오

⁂

3부를 시작하기 전에

3부에서는 지금까지 소개한 「'먹다'를 둘러싼 사회문제」에 대한 개선 시도를 조망하겠습니다. 강조하고 싶은 것은, 이 문제들을 한 번에 해결할 수 있는 이상적인 방법은 존재하지 않는다는 것입니다. 특히 2부에서는 여전히 끈질기게 존재하는 사회문제들을 예시로 들었고, 어떤 문제도 '이렇게만 하면 반드시 해결된다'라는 간단한 해결책은 없었습니다. 그러나 아무것도 하지 않을 수는 없기에, 다양한 시행착오를 통해 문제 해결의 방안을 모색하고 있습니다.

이제 이러한 시행착오를 세 가지 그룹으로 구분해 보겠습니다. 2부에서 「'먹다'를 둘러싼 사회문제」를 세 가지 그룹(자연의 섭리, 식량 시장의 한계, 사람다움)으로 나누었던 것을 기억하실 겁니다. 3부에서도 같은 방식으로 그룹을 나누어 검토하도록 하겠습니다. 9장에서는 '자연의 섭리', 10장에서는 '식량 시장의 한계' 그리고 11장에서는 '사람다움'에 기인한 문제와 이를 개선하기 위한 노력을 살펴보겠습니다.

9장

자연의 섭리에 맞서기

4장에서 살펴본 것처럼, 자연의 섭리에 따른 '식량 생산'과 '먹다'에의 영향은 피할 수 없습니다. 이 때문에, 영향 자체를 완전히 없애는 것이 아니라, 피할 수 없는 영향을 가능한 한 줄이기 위한 대책이 중요합니다. 이러한 대책은 크게 두 가지 측면이 있습니다.

① 영향을 줄이기 위한 사회적 구조 구축

② 영향을 줄이기 위한 기술 개발

모든 대책에는 두 가지 측면이 필요하지만, 어느 한 쪽에 중점을 둘지는 각각 달라집니다. 이 장에서는 사회적 구조에 중점을 둔 대책으로 '생산지 릴레이', 기술에 중점을 둔 대책으로 '유전자 공학',

'식물성 대체육' 및 '배양육' 그리고 양쪽에 비슷하게 중점을 둔 대책으로 '곤충식'에 대해 살펴보겠습니다.

장기 보존과 생산지 릴레이

최근에 슈퍼마켓에서 사과나 양배추를 본 적이 있나요? 잘 기억나지 않는다면, 집에 가는 길에 슈퍼마켓에 들러 확인해 보시기 바랍니다. 이때 산지도 확인해 보아야 합니다. 여러분이 어떤 계절에 이 책을 읽고 계시는지는 모르지만, 계절과 무관하게 분명히 국산 사과나 양배추를 발견하실 수 있을 것입니다. 이 밖에도 쌀, 감자, 양파, 당근, 양상추 등 일 년 내내 국내에서 생산한 농산물을 구하기는 어렵지 않습니다.

하지만, 좀 더 생각해 보면 농작물이란 본래 계절에 따라 다르기 때문에, 언제나 수확할 수 있는 것은 아닙니다. 그럼에도 불구하고 어떻게 일 년 내내 이 작물들을 내내 구할 수 있는 것일까요? 특히 일 년에 한 번밖에 수확할 수 없거나, 재배 기간이 긴 작물의 경우에는 더욱 그렇습니다.

국산 농작물을 1년 내내 공급하는 방법은 크게 두 가지가 있습니다.

첫 번째는 장기 보존입니다. 쌀, 감자, 사과와 같이 장기 보존이 가능한 작물은 수확한 뒤 장기 저장하여 시기에 맞추어 조금씩 시장에 유통하고 있습니다. 사과의 수확 시기는 8월부터 12월 정도이지만, '부사(富士)' 사과 같은 것은 언제든지 슈퍼마켓에서 발견할 수 있습니다. 그 이유는 '부사'가 장기 보존에 적합한 품종이기 때문입니다.

그렇다면, 장기 보존이 적합하지 않은 작물은 어떻게 될까요? 양배추나 양상추 같은 잎채소는 장기 보존이 불가능한데도 거의 일 년 내내 슈퍼마켓에서 볼 수 있습니다.

이는 두 번째 방법, 즉 수확 시기가 다른 산지에서 '생산지 릴레이'를 실행하기 때문입니다. 양배추의 경우에는 아이치현과 군마현이 주요 생산지입니다만, 아이치현에서의 주 생산 시기는 12월부터 4월까지입니다. 그 후, 4월부터 6월에는 지바현과 가나가와현, 7월부터 10월에는 군마현, 11월에는 다시 지바현 그리고 12월에는 아이치현으로 돌아오며, 계절마다 다른 생산지가 연계되고 있습니다.

양상추의 경우, 여름에는 나가노현과 이와테현, 가을에는 이바라키현과 가가와현, 겨울에는 시즈오카현에서의 하우스 재배가 주를 이룹니다.

장기 보존이 가능한 작물에도 생산지 릴레이를 적용하는 경우가 있습니다. 예컨대 감자는 일 년 내내 대부분 홋카이도산이 유통되지만, 홋카이도산이 상대적으로 적게 출하되는 4월부터 6월에는 나가사키현과 가고시마현산이 주로 유통됩니다.

물론, 장기 보존이나 생산지 릴레이에 적합하지 않은 작물도 상당히 많습니다. 귤, 딸기, 수박같이 상대적으로 익숙한 작물 중에서도 제철이 아닌 경우 거의 구할 수 없는 것들이 있습니다. 일본에서 수확할 수 없는 시기에는 수입을 합니다.

이처럼, 장기 보존과 생산지 릴레이 같은 사회적 구조의 조정을 통해 식량 생산과 재배 기간이 '먹다'에 미치는 영향을 어느 정도 제어할 수 있습니다. 동시에 이러한 구조가 성립할 수 있었던 것은 장기 저장과 물류에 필요한 기술 발전 덕분이라는 점을 잊지 않아야 합니다. 또한, 이런 구조가 제대로 작동하기 위해서는 안정적이고 충분한 식량 생산이 기본 전제조건이 되어야 합니다.

게놈 편집의 가능성

안정적인 '식량 생산'에 걸림돌이 되거나 피할 수 없는 몇 가지 문제들이 존재합니다. 이런 문제들은 주로 이상기후, 병충해, 기후변화와 같은 요인들로부터 비롯됩니다. 이러한 영향을 가능한 한 줄이기 위해서는 새로운 생산기술의 개발과 관개 설비 및 공공 인프라의 정비가 중요합니다.

이 중에서도 특히 '유전자 공학을 활용한 품종개량'에 주목하고자 합니다. 이 기술은 최근에 논란이 되고 있으며, 여러 곳에서 감정적인 논의가 이루어지고 있기 때문입니다.

품종개량 자체는 옛날부터 작물의 생산성(수확량, 병충해 저항성 등)과 품질(맛, 영양가 등)을 개선하기 위해 사용되어 온 방법입니다. 지금까지의 품종개량에서는 자연 발생한 돌연변이종을 활용하거나, 일반적으로는 교배할 수 없는 품종끼리 인위적으로 교배하여 원하는 특성을 얻었습니다. 우리가 일상적으로 섭취하는 대부분의 작물들은 이런 방법으로 품종이 개량된 것들입니다. 고시히카리 쌀[1], 부사 사과, 방울토마토, 유바리(夕張) 멜론, 샤인 머스캣 등도 모두 이에 해당합니다.

그렇다면, 왜 기존의 품종개량 방식이 아닌, 유전자 공학을 활용한 품종개량이 필요한 걸까요? 이는 유전자 공학을 활용하여 새로운 품종의 개발 시간과 비용을 크게 줄일 수 있기 때문입니다. 끊임없이 증가하는 인구와 기후변화에 대응하기 위해선, 기존의 연구 개발 속도로는 시간을 맞출 수 없습니다.

최근에는 특히 '게놈 편집' 기술이 주목받고 있습니다. 2012년에

...

1 역자 주: 쌀 품종의 하나로, 일본이 원산지이다. 쌀알이 맑고 투명하여 밥을 지었을 때 찰기와 윤기가 유지되는 것이 특징이다.

'크리스퍼 카스9(CRISPR-Cas9)'이라는 간편하면서도 높은 정밀도로 게놈을 변경·편집할 수 있는 방법이 개발되어, 급속히 이용이 확대되고 있습니다. 참고로, 크리스퍼-카스9를 개발한 엠마누엘 샤르팡티에와 제니퍼 다우드나 두 연구자는 2020년에 노벨화학상을 수상하였습니다.

유전자 공학을 통한 품종개량이라고 하면, 대부분의 사람들이 먼저 '유전자변형작물(Genetically Modified Organism, GMO)'을 떠올릴 것입니다. 하지만, 여기서 중요한 점은 '게놈 편집'과 '유전자 변형'은 기술적으로 매우 다르다는 것입니다. 이들의 주요한 차이점은 표 9-1에 정리하였습니다.

'유전자 변형'은 대상 작물과 다른 생물의 유전자(외래 유전자)를 도입하여 원하는 특성을 형성하는 기술입니다. 예컨대, 바킬루스 투링기엔시스(Bt)라는 곤충 병원균의 유전자를 옥수수에 도입하

	게놈 편집으로 만든 작물	유전자 변형으로 만든 작물
방법	해당 작물의 유전자 일부만을 변경	다른 생물의 유전자를 이용
기존의 품종개량과의 비교	과학적으로 기존 품종개량으로 만드는 것과 동일함	기존의 품종개량으로는 만들 수 없는 것을 만듦
섭취 시 외래 유전자의 상태	존재하지 않음	남아 있음

표9-1 '게놈 편집'과 '유전자 변형'으로 만들 수 있는 작물의 차이

여 개발한 'Bt 옥수수'는 해충에 대한 저항성이 강해져 유명해졌습니다. 이는 나방(특히 명나방과)의 유충이 Bt 옥수수를 섭취하면, 병원균이 생성하는 단백질의 작용으로 인해 죽게 되는 원리입니다. 반면, 사람이나 가축은 이 단백질을 위산에서 분해하기 때문에 무해합니다. 그렇지만 곤충 병원균 유전자가 포함된 것을 알게 되면, 먹기를 꺼리는 이들도 있을 것이라는 점은 이해할 수 있습니다.

한편, '게놈 편집'은 해당 작물이 원래 가지고 있는 유전자를 변이시켜 원하는 특성을 형성하는 기술입니다. 다른 생물의 유전자를 도입하는 것이 아니라, 이미 존재하는 유전자를 수정하는 방식입니다. 이 기술을 이용하면, 가뭄에 강한 옥수수, 제초제와 염해에 저항하는 쌀, 건강에 좋은 올레산(Oleic acid)[2]을 많이 함유한 대두나 유채와 같은 것을 개발할 수 있습니다.

기존의 방법을 사용할 때는 목적한 성질을 가진 개체를 찾아내는 과정의 대부분을 우연에 의존해야 했으므로, 실제로 식물을 재배해 보지 않으면 변이가 일어났는지 확인조차 어려웠습니다. 이 때문에 새로운 품종 개발은 상당한 시간과 비용이 소모되었습니

…

2 역자 주: 유산이라고도 한다. 대부분 동식물유 속에 함유되어 있고, 특히 동백 기름, 올리브유 등의 유지류의 주성분이다.

다. 반면, 게놈 편집을 통한 품종개량은 단시간 내에 확실한 개량이 가능하므로, 기존의 품종개량 방법으로 개발된 것과 과학적으로 동등한 농산물이 생산됩니다.

세계에서 처음으로 상용화된 게놈 편집 농산물은 미국의 고(高)올레산 대두입니다. 올레산은 건강에 이로운 것으로 알려져 있으며, 이 대두로부터 추출된 고올레산 오일은 2019년부터 미국 시장에 출시되었습니다.

현재 고올레산 대두만이 상용화되었지만, 다양한 게놈 편집 농산물의 개발은 계속 진행 중입니다. 미국에서는 찹쌀 전분을 풍부하게 함유한 옥수수가 개발되어, 2020년부터 농가에서 재배되기 시작했습니다. 또한, 갈색으로 변하지 않는 버섯, 병에 강하며 식물섬유가 풍부한 밀 등도 개발 목록에 올라 있습니다.

일본에서도 게놈 편집 농산물의 연구 개발이 활발히 이루어지고 있습니다. 혈압 저하 효과가 있는 감마 아미노산(GABA)을 다량 함유한 토마토, 싹에 포함된 천연 독소의 함량을 크게 줄인 감자, 병충해와 가뭄에 강하면서도 수확량이 많은 벼, 식용 부분이 늘어난 참돔 그리고 격렬하게 헤엄치지 않아 양식이 용이한 다랑어 등이 그 예시입니다.

기술적인 차이를 넘어서, '유전자 변형'과 '게놈 편집'은 법적인 규제 면에서도 차이를 보입니다. 유전자 변형 작물은 섭취 시점에 외래 유전자가 존재하고, 자연에서는 발생하지 않는 변이를 통해 생성되기 때문에, 사회적인 반발이 여전히 강하며 여러 나라에서 생산 및 유통이 제한되고 있습니다. 일본 역시 카르타헤나 의정서[3], 식품안전기본법, 식품위생법, 사료안전법 등을 통해 엄격한 규제를 받고 있습니다.

반면에, 게놈 편집 농산물은 섭취 시점에 외래 유전자가 존재하지 않고, 자연에서 발생할 수 있는 변이를 통해 개발되었기 때문에, 안전성이 기존 품종개량 작물과 동등하다고 여겨집니다. 이로 인해 일본에서는 식품위생법에 의한 규제 대상에서 제외되며, 유전자 변형 작물에 적용되는 안전성 평가도 필요하지 않다고 판단됩니다. 더욱이, 일정 조건(세포 외부에서 처리된 핵산이 존재하지 않는 조건)을 만족하면 카르타헤나 의정서 대상에서도 제외됩니다.

'게놈 편집'을 통한 품종개량은 앞으로 소개될 여러 노력 중에서도 중요한 역할을 맡고 있으며, 지구 환경과 인간 사회의 급변에 대응하기 위해선 필수적인 기술입니다. 따라서, '유전자 변형'과의 차이를 정확히 이해한 후, '게놈 편집'의 사회적 가치를 공정하게 평가해야 합니다.

…

3 역자 주: 유전자변형생물체의 국가간 이동을 규제하는 국제 협약. 정식 명칭은 '바이오안전성에 대한 카르타헤나 의정서'이다.

식물과 세포로 고기 만들기

기후변화 외에도, 전 세계적으로 큰 영향을 미치며 피하기 어려운 문제는 세계적인 고기 소비량의 증가와 이로 인한 온실가스 배출량 및 환경오염의 증가입니다. 이 문제에 대한 가장 이상적인 해결책은 사람들이 섭취하는 고기의 양을 줄이는 것입니다. 하지만, 몇십 년 내에 전 세계 인구의 행동을 급격히 변화시키는 것은 현실적으로 거의 불가능에 가깝습니다.

그렇기 때문에 환경에 더 적은 부담을 주는 방법으로 고기와 유사한 제품을 생산하는 기술에 대한 관심이 증가하고 있습니다. 이는 바로 '육류 생산은 환경 부담이 크다'라는 자연의 법칙에 도전하는 기술입니다. 이 중에서도 식물성 대체육과 세포를 이용한 배양육이 주목받고 있으며, 빌 게이츠와 리처드 브랜슨 같은 대부호들도 이러한 기술 개발에 적극적으로 투자하고 있습니다.

식물성 대체육은 이미 상품화되어 있으며 시장은 빠르게 확장되고 있습니다. 미국의 데이터 사이언스 회사 SPINS의 소매 데이터에 따르면, 미국 내 식물성 대체육 시장 규모는 2018년 약 8억 달러에서 2020년 약 14억 달러로 크게 증가하였으며, 2020년에는 전체 식육 시장의 1.4%를 차지하게 되었습니다.

유명한 제품으로는 임파서블 푸드사의 '임파서블 버거 2.0'과 비욘드 미트사의 '비욘드 버거' 같은 식물에서 유래한 소고기 패티가 있습니다. 또한, 모닝스타 팜즈사의 식물 유래 돼지고기 소시지와 닭고기 패티, 이트저스트사의 식물 유래 달걀 등도 널리 시장에 출시되어 있습니다.

그렇다면, 현재의 식육을 대체육으로 전환함으로써 환경 부담은 얼마나 감소할 수 있을까요? 굿푸드 인스티튜트(The Good Food Institute, GFI)라는 식물성 대체육 및 배양육의 사용 촉진을 목표로 하는 국제 NPO에 따르면, 앞서 언급한 '임파서블 버거 2.0'은 기존 소고기를 사용한 햄버거에 비해 필요한 토지가 96% 감소, 온실가스 배출량이 89% 감소 그리고 필요한 물의 양이 87% 감소된다고 합니다.

여담으로, 대두에서 대체육을 개발할 때 해결해야 했던 과제는 대두의 '냄새'였습니다. 대두 특유의 냄새는 고기 같은 맛이나 냄새를 만드는 데 방해가 되었습니다. 이 문제를 해결하기 위해 '게놈 편집'을 통한 품종개량으로 대체육 제조에 가장 적합하고 냄새가 적은 대두를 개발하였습니다.

또한, 현재 단계에서의 식물성 대체육은 패티와 같은 간 고기 제품에 국한되어 있으며, 스테이크와 같은 고깃덩어리를 만들어 내기는 어렵다고 합니다. 그러므로, 이어서 설명할 배양육과 같은 다른 기술들도 필요하다는 것입니다.

배양육은 동물의 몸 밖에서 세포에 직접 영양을 공급하여 성장시킨 고기를 지칭합니다. 전통적인 가축 사육 방식은 먹을 수 없는 부분(뼈나 내장 등)과 다른 생명 활동에도 영양소가 소비되지만, 배양육의 경우 영양소가 오롯이 고기 성장에 사용되므로 낭비가 없고 효율적입니다. 예컨대, 일반적인 닭고기 생산은 6주에서 7주가 소요되지만 배양육은 단 6일 만에 동일한 양을 생산할 수 있다고 알려져 있습니다.

게다가, 배양육은 밀폐된 용기에서 성장하기 때문에 병에 감염되거나 오염될 위험이 없으며, 병을 예방하기 위한 항생물질 사용도 필요 없습니다. 즉, 이는 약물에 의존하지 않는 유기농 축산물과 동등한 안전성을 확보할 수 있다는 것을 의미합니다.

하지만, 실제로는 비용 등 여러 면에서 아직도 많은 과제가 남아 있으며, 배양육의 상용화는 이제 막 시작된 단계입니다. 그러던 중, 2020년 12월에 세계에서 처음으로 싱가포르 정부가 배양육 판매를 승인하였습니다. 미국의 이트저스트사가 개발한 '배양 닭고기'로 만든 '배양 치킨너겟'이 레스토랑 등에서 판매되기 시작하였습니다. 이 밖에도 미국의 업사이드 푸드사(과거 멤피스미트사), 이스라엘의 퓨처미트테크놀러지사 등도 배양육 분야에서 유명합니다. 특히, 싱가포르의 조크미트사는 갑각류인 새우의 배양육 생산에 주력하고 있습니다.

그렇다면, 기존의 식육을 배양육으로 전환함으로써 환경 부담을 얼마나 줄일 수 있을까요? 네덜란드의 환경 컨설팅 회사인 CE Delft의 보고서에 따르면, 배양 닭고기 생산은 재생 가능한 에너지를 사용한다면 기존 닭고기 생산에 비해 온실가스 배출량을 17% 줄이고, 필요한 토지 면적을 63% 절감할 수 있다고 추산하고 있습니다. 배양 돼지고기와 배양 소고기 역시 각각 기존의 돼지고기와 소고기 생산에 비해 온실가스 배출량을 52%, 92% 줄이고, 필요한 토지 면적을 72%, 95% 절감할 수 있다고 합니다.

이러한 수치와는 별개로, 모든 식육을 배양육으로 전환한다면, 식량 생산에 필요한 농지 면적은 현재의 약 40억ha에서 약 10억ha로 대폭 줄어들어, 농지 확장과 삼림 벌채의 필요성이 사라질 것입니다. 더 나아가, 집약적인 축산에서의 항생물질 남용과 조류독감 같은 감염증에 따른 대량 살처분 문제도 해결될 가능성이 있습니다.

그러나, 이러한 극단적인 변화를 단기간 내에 기대하는 것은 현실적이지 않습니다. 그렇지만, 2050년까지 두 배로 증가할 것으로 예상되는 고기 소비량 중 증가분을 식물성 대체육과 배양육으로 대체한다면, 육식으로 인한 환경 부담을 상당히 경감할 수 있을 것입니다.

곤충이라는 선택지

그럼 이야기의 방향을 조금 바꿔서, 최근의 뉴스나 잡지 등에서 '곤충식'에 대해 들어본 적이 있으신가요?

이러한 현상은 지속가능발전 목표에 대한 관심이 증가하는 가운데, 급증하는 세계 인구를 먹여 살리기 위한 미래의 식량이자 환경에 부담을 주지 않는 대체 단백질원으로 곤충식이 세계적으로 주목받고 있기 때문입니다.

'곤충을 먹다니…'라며 처음에는 거부감을 느끼시는 분들도 계실 수도 있지만, 조금만 더 이야기를 들어 보시길 바랍니다. 우선 강조하고 싶은 것이 두 가지 있습니다.

첫째, 곤충을 먹는다고 해서 꼭 곤충의 원래 모양 그대로 먹을 필요는 없다는 점 그리고 둘째, 반드시 사람이 곤충을 먹을 필요는 없다는 점입니다.

각각에 대해 자세히 살펴보겠습니다.

사람이 곤충을 먹는 것은 역사적으로 볼 때 전혀 신기한 일이 아닙니다. 일본에서도 나가노현이나 기후현과 같은 일부 지역에서는 벌의 애벌레, 메뚜기, 뱀잠자리 유충의 일종 등을 즐겨 먹습니다. 아시아 지역에서는 태국, 라오스, 캄보디아 등이 곤충을 일상적으로 섭취하는 나라로 잘 알려져 있습니다. 이들 나라를 방문한 적이 있는 분들은 길거리 포장마차에서 일상적으로 여러 곤충 요리를 팔고 있는 모습을 본 적이 있을 것입니다.

세계의 곤충식에 대한 연구에 따르면, 현재 세계 약 140개국에서 약 2,100종의 곤충이 식용으로 활용되고 있습니다. 가장 많이 섭취되는 종류는 딱정벌레 등의 갑충으로, 650종 이상의 갑충이 먹히고 있습니다. 그다음으로는 웜(나비나 나방의 유충), 개미류(벌 포함), 메뚜기류(귀뚜라미 포함), 매미류(노린재 포함) 등이 자주 식용으로 이용됩니다. 또한, 세계에서 소비되는 곤충의 92%는 야생에서 채집한 것이며, 6%는 가축화되어 있고, 2%는 양식된 것입니다.

또한, 최근의 동향에서 주목할 만한 것은 '식용 곤충의 양식화'와 '곤충을 가축 사료로 활용'하는 방안이 널리 퍼지고 있다는 점입니다. 이는 식용 곤충 생산이 다음과 같은 세 가지 장점이 있기 때문입니다.

① 양식하기 쉬움
② 생산으로 인한 환경 부담이 적음
③ 단백질 등 영양가가 높음

먼저, 곤충이 가진 강한 번식력, 뛰어난 사료 효율 및 빠른 성장은 양식의 관점에서 매우 매력적인 특성입니다. 예를 들어, 벼는 통상적으로 일 년에 한 번, 최대 두 번의 수확이 가능하지만, 귀뚜라미 양식의 경우 알에서 성충까지 약 45일이면 충분하므로, 매년 8번까지 출하할 수 있습니다. 또한, 곤충 양식은 반 평 정도의 공간과 초기 비용 10만 원 정도만 들이면 시작할 수 있어, 농지를 소유하지 않은 소작농이나 도시민도 부업으로 시도할 수 있다는 장점이 있습니다.

다음으로, 식용 곤충의 생산은 자연환경에 미치는 부담이 상대적으로 적습니다. 표 9-2에서는 기존의 식육 생산과 밀웜이라는 식용 곤충의 생산에서, 생체 1kg 또는 단백질 1kg 생산이 자연환경에 미치는 영향을 비교하고 있습니다. 참고로, 생체 100g당 단백질 함유량은 부위에 따라 다르지만 대략 소 15g, 돼지 18g, 닭 20g, 밀웜 70g 정도입니다.

	필요 사료량	단백질 1kg 생산에 필요한 물의 양	단백질 1kg당 지구온난화지수	단백질 1kg 생산에 필요한 토지 면적	먹을 수 있는 부분
소	25kg	11만 2천L	88	201㎡	40%
돼지	9.1kg	5만 7천L	27	55㎡	55%
닭	4.5kg	3만 4천L	19	47㎡	55%
곤충	2.1kg	2만 3천L	14	18㎡	80%

표 9-2 필요 사료량, 필요한 물의 양, 지구온난화지수, 필요한 토지 면적, 먹을 수 있는 부위의 비교

표 9-2에서 제시한 '필요 사료량'이란, 생체 1kg을 만들기 위해 필요한 사료의 양을 나타냅니다. '지구온난화지수'는 단백질 1kg을 생산하는 과정에서 발생하는 온실가스의 온난화 능력을 이산화탄소를 기준으로 나타낸 수치입니다. 예컨대, 단백질 1kg을 포함하는 소고기를 생산할 때 발생하는 온실가스는 1kg의 이산화탄소가 대기 중에 방출될 때와 비교하여 88배의 온난화 능력을 가지게 됩니다. 이러한 수치가 낮을수록, 생산과정에서의 환경 부담은 적어집니다.

표 9-2 마지막 열에서는 섭취할 수 있는 부분의 비율을 비교하고 있습니다. 이 경우에는 섭취할 수 있는 부분의 비율이 클수록 생산으로 인한 환경 부담은 줄어듭니다. 이는 같은 양의 식량을 생산하기 위해 필요한 자원이 적게 들고, 발생하는 식품 폐기물 양도 감소하기 때문입니다.

예를 들어, 소에게 25kg의 사료를 주어 체중을 1kg 늘려도 섭취할 수 있는 부분은 400g에 불과합니다. 반면, 곤충의 경우 약 2kg의 사료를 주어 총중량을 1kg 늘리면, 섭취할 수 있는 부분은 800g으로 늘어납니다.

표 9-2에서는 소고기 생산의 환경 부담이 특히 높은 것으로 나타나고 있습니다. 이와 대조적으로, 곤충 생산의 환경 부담은 소고기의 5분의 1에서 10분의 1에 불과합니다. 돼지고기나 닭고기와

비교해도 곤충 생산의 환경 부담은 크게 감소합니다. 이런 결과로 인해, 곤충식은 식물성 대체육이나 배양육과 거의 동등한 환경 부담 감소 효과가 있다는 것을 알 수 있습니다.

또한, 귀뚜라미와 같은 잡식성 곤충은 다양한 것을 먹어 치우기 때문에, 식품 제조 공장이나 음식점에서 발생하는 폐기 식품을 사료로 활용함으로써 식품 손실을 줄이는 데에도 도움이 됩니다.

마지막으로, 식용 곤충은 영양 면에서도 우수한 장점이 있습니다. 236종의 식용 곤충 영양 성분을 분석한 연구 결과, 식용 곤충은 단백질, 식물섬유, 건강에 좋은 지방산 그리고 철분과 아연 같은 필수 영양소를 풍부하게 함유하고 있습니다. 예시로, 귀뚜라미 100g은 단백질, 철분, 아연의 함량이 식품 중에서도 최상위에 속합니다. 그리고, 귀뚜라미의 단백질은 다른 곤충에 비해 상당히 고품질로, 소화 및 흡수가 용이하다고 알려져 있습니다. 더불어, 최근에는 '게놈 편집' 기술을 이용하여 기능성이 향상된 식용 곤충의 연구 및 개발이 진행되고 있습니다.

하지만, 지금까지 이야기를 들었음에도 저 역시 '그래도 벌레는 먹고 싶지 않아'라고 생각합니다. 귀뚜라미처럼 원형 그대로 먹는 것은 아무리 영양이 풍부하고 맛있다고 하더라도 가능한 피하고 싶습니다. 그러나, 좀 더 생각해 본다면, 곤충을 먹는다 해도 반드시 원형 그대로 먹을 필요는 없다는 것을 알 수 있습니다.

예를 들어, 곤충을 분말 상태로 만들어 다른 식품에 섞어 먹는 방법이 있습니다. 중요한 것은 영양소이므로, 분말 상태가 되더라도 문제가 되지 않습니다. 일본에서는 MUJI에서 판매되고 있는 '귀뚜라미 전병'이 유명합니다. 겉보기에는 귀뚜라미가 사용되고 있다는 것을 전혀 알 수 없습니다. 이 정도면 저도 먹을 수 있었고, 많은 사람들의 곤충식에 대한 거부감도 상당히 낮아질 것이라 생각합니다.

게다가 곤충은 식용뿐만 아니라 가축의 사료로도 주목받기 시작했습니다. 사람이 직접 먹는 식육은 유지하면서, 대신 가축에게 곤충을 먹이는 것입니다. 사료용 대두를 곤충으로 대체하면 대두를 키우는 데 필요한 농지와 물을 절약할 수 있고, 식육 생산으로 인한 환경 부담을 크게 줄일 수 있습니다. 이렇게 되면 사람이 직접 곤충을 먹는 것은 아니므로, 거부 반응도 크게 생기지 않을 것입니다. 여러분의 생각은 어떠신가요?

이런 시도는 대두 등의 생산에 적합하지 않아 대량의 사료를 수입하고 있는 국가, 예컨대 일본이나 아프리카의 여러 나라에서는 특히 매력적인 선택이 될 수 있습니다. 실제로 아프리카의 일부 지역에서는 기존의 대두나 생선 가루를 사용한 가축 사료보다도 자국산 곤충을 이용한 사료를 저렴하게 생산할 수 있어, 곤충 사료 생산이 확대되고 있습니다.

예를 들어, 케냐에 위치한 국제곤충생리생태학센터(International Centre of Insect Physiology and Ecology, ICIPE)는 아프리카의 빈곤 문제와 식량 부족 문제 해결을 위하여 식용 곤충의 연구 개발을 적극적으로 추진하고 있습니다. ICIPE의 연구를 통해, 아메리카동애등에의 유충이 생선가루나 다른 곤충에 비해 단백질 함유율이 높다는 것이 밝혀졌습니다.

이에 따라 아프리카의 몇몇 기업들은 식품 폐기물을 사료로 사용하여 아메리카동애등에를 키우고, 이를 원재료로 하여 가축(주로 닭)의 사료를 생산하는 작업을 시작하였습니다. 이러한 방식은 식품 손실을 줄이며, 가축 사료 가격도 저렴해지고 환경 부담도 감소하는 긍정적인 시도입니다.

대표적인 기업으로는 케냐의 사너지(Sanergy)사, 인섹티프로(Insectipro)사, 에코두두(Ecodudu)사 등이 있으며, 이들 세 회사의 생산 능력은 연간 약 50억 톤 이상의 곤충 사료에 이르는 것으로 알려져 있습니다. 또한, 우간다의 프로틴(ProTeen)사와 탄자니아의 바이오부(Biobuu)사 같은 기업들도 존재합니다. ICIPE는 더 나아가 귀뚜라미 분말을 섞은 유아용 죽이나 메뚜기류에서 추출한 식물섬유의 일종인 키토산이나 기능성 오일을 만드는 프로젝트도 진행 중입니다.

또한, 케냐의 더버그픽처(The Bug Picture)사는 곤충을 식용으로 사용하는 것은 아니지만, 곤충과 관련된 흥미로운 프로젝트를 진행하고 있어 소개하고자 합니다.

2020년, 아프리카 동부에서 대량 발생한 수천억 마리의 메뚜기가 인도와 파키스탄까지 이동하여 그 길을 지나는 지역의 농업에 엄청난 피해를 입힌 재해가 있었습니다. 이러한 재해는 메뚜기에 의한 것이라는 의미로 한자어로 '황해(蝗害)'라고도 불리며, 당시 일본의 뉴스에서도 주목받았습니다.

더버그픽처사는 이 '메뚜기 피해'의 주범이 되는 메뚜기를 포획하여 유기농 비료로 변환하는 작업을 진행하고 있습니다. 2021년 이 사업이 시작되면서, 회사는 농민들에게 '메뚜기를 잡아 오면 1kg당 50케냐 실링(약 500원)으로 매입하겠다'라고 제안했습니다. 이에 따라 18일 동안 약 1.3톤의 메뚜기가 모아졌고, 이들 메뚜기는 유기농 비료로 변환되어 식량 생산에 다시 활용되었습니다. '메뚜기 피해'로 고생하는 국가에서 이러한 노력은 매우 의미 있는 시도로 여겨집니다.

마지막으로, 곤충식의 장래에 대한 과제들을 살펴보도록 하겠습니다. 무엇보다도, 사회가 이를 받아들이지 못할 가능성에 대한 우려가 존재합니다. '식용'의 경우에는 이미 언급한 바와 같이, 곤충이 벌레처럼 보이지 않게 하는 방법이 있으므로 어떠한 방식으로든 해결할 수 있을 것입니다. 그러나, '식량 생산' 측면에서는 대량으로 움직이는 벌레들을 관리해야 하는 문제가 있습니다.

이에 따라, '귀뚜라미 전병'을 개발한 연구팀 역시 생산 규모를 확대하려 할 때, 일본 내에서 식용 귀뚜라미를 생산할 수 있는 장소를 찾지 못하는 문제에 부딪혔습니다. 이를 해결하기 위해 동남아시아 등에서 식용 귀뚜라미를 생산 및 가공한 후 일본으로 수입하는 방안도 검토 중입니다.

또 다른 중요한 문제는 안전성과 관련된 것입니다. 양식된 곤충이 야생 곤충에 비해 훨씬 안전하다고 알려져 있지만, 축산 분야에서처럼 벌레의 질병이나 항생제, 화학물질의 잔류 등이 문제가 될 수 있습니다. 더구나, 일본을 비롯한 많은 나라들에서는 식용 곤충의 생산과 유통에 관한 법적 및 사회적 체계가 아직 충분히 마련되어 있지 않아, 앞으로 식용 곤충 시장의 확장에 있어서 새로운 문제들(규제 등)이 생겨날 가능성이 있으며, 이는 비즈니스 확장에 있어서의 걸림돌이 되고 있습니다.

10장

식량 시장의 한계를 극복하기

5장과 6장에서 살펴본 것처럼, 세상에는 식량 시장에 맡기는 것만으로는 해결할 수 없는 문제들이 있습니다. 이것은 다시 말해, 식량 시장이라는 구조 자체에 한계가 있다는 의미입니다.

본 장에서는 이러한 한계를 보완하기 위한 다양한 시행착오에 대해 살펴보겠습니다. 여기서 언급하는 시행착오란, '식용'과 '식량 생산' 양쪽에 의도적으로 시장을 통한 자극을 주어, 더욱 바람직한 선택을 할 수 있도록 하는 노력을 의미합니다.

먼저, '식용'의 선택에 영향을 주는 수단인 식품 가격, 식품 접근성 그리고 식품 라벨링에 주목해 보겠습니다. '식용' 측면에서의 자극은 식품을 '선택할 때'와 '섭취할 때'가 있지만, 시장을 통한 자극은 주로 '선택할 때'에 이루어집니다. '식용'의 선택에서 중요한 요소로는, 예를 들면, 영양 불균형이나 비만 같은 영양 문제 그리고 육식과 환경 문제 등이 있습니다.

다음으로, '식량 생산'의 선택에 영향을 주는 수단인 배출권 거래제와 식량 시장의 '디지털 혁신(Digital Transformation, DX)'[1]에 대해서도 살펴보겠습니다. '식량 생산' 측면에서의 자극은 주로 생산 수단을 선택하는 단계에서 이루어집니다. '식량 생산'의 선택에서 중요한 요소로는, 식량 생산에 따른 환경 부담, 식품의 안전성, 식품 사기, 식품 손실 문제 등이 있습니다. 이제 '식용' 측면에서 자극을 주는 방법부터 차례로 살펴보도록 하겠습니다.

중요한 것은 상대가격

'먹다' 측면의 선택에 영향을 주는 수단 중 하나는 고전적으로 사용되고 있는 식품 가격 정책입니다. 예를 들어, 특정 식품에 세금을 부과해 소비량을 줄이거나, 반대로 보조금을 지급하여 가격을 낮춰 소비량을 늘리는 방식입니다. 이때 식품 가격 정책이 효과를 발

...

1 **역자 주**: 일본에서는 민간 기업 또는 관공서에서 빅데이터, 인공지능, IoT와 같은 디지털 기술을 활용한 업무 프로세스 개선뿐만아니라, 제품과 서비스, 비즈니스 모델을 혁신하고, 나아가 조직 문화까지 바꾸어 경쟁력을 확보하자는 의미로 쓰인다.

휘하기 위해 결정적인 역할을 하는 것이 '상대가격'입니다.

6장에서 언급한 것처럼 선진국에서는 고기를 과다하게 소비하는 반면, 아프리카에서는 고기 소비량이 상대적으로 적습니다. 그렇다면 아프리카에서 고기 소비량이 적은 이유는 무엇일까요? 단순히 '경제적 이유로 고기를 구매할 수 없기 때문'이라고 생각하는 사람들도 많을 것입니다. 이것은 부분적으로 맞는 말이지만, 문제는 그렇게 단순하지 않습니다. 여기서 핵심은 가격 그 자체가 아니라, 다른 식품과 비교한 가격, 즉 '상대가격'입니다. 이제 이 '상대가격'에 대한 예를 들어 설명하겠습니다. 여기서 주의해야 할 한 가지가 있습니다. 상대가격을 계산하기 위해선 다양한 종류의 식품 가격을 직접 비교해야 하므로, '1kcal당 가격'을 기준으로 하겠습니다. 일반적으로 사용하는 '무게당 가격'은 식품의 종류에 따라 1g당 영양 성분이 크게 달라지기 때문입니다.

그럼 '1kcal당 가격'을 기준으로 예시를 살펴보겠습니다. 일본에서는 주식(쌀, 빵 등)이 1kcal당 10원이고, 고기는 1kcal당 80원이라고 가정해 보겠습니다. 반면, 미국에서는 주식이 1kcal당 15원, 고기는 1kcal당 90원입니다. 이 상황에서 육류의 가격을 비교해 보면, 미국에서의 90원이 일본의 80원보다 비싸게 나타납니다. 그러나 주식 대비 육류의 '상대가격'을 비교하면, 일본에서는 육류가 주식의 8배의 가격이지만, 미국에서는 주식의 6배에 불과하므로,

상대가격으로 볼 때 미국에서 육류가 더 저렴하게 느껴집니다.

그리고 이러한 육류의 상대가격이 고기 소비량을 설명하는 중요한 열쇠가 됩니다. 위 예시에서 육류의 가격은 미국이 일본보다 비싸지만, 상대가격에서는 미국이 더 저렴하므로, 미국에서는 고기를 더 많이 먹을 가능성이 높아질 것입니다.

이어서, 세계적으로 식품의 상대가격에 대해 살펴보겠습니다. 여기에서는 제가 알고 있는 것 중 가장 포괄적으로 세계 식품의 상대가격을 조사한 연구 결과를 소개하겠습니다. 이 연구에서는 176개국의 657종류 식품을 21개 그룹으로 분류하고, 그룹별로 '1kcal당 가격이 주식 가격의 몇 배인지'를 통해 상대가격을 추산하였습니다. 표 10-1에서는 주요 식육과 채소의 상대가격을 전 세계 및 4대 지역별로 정리하였습니다.

1kcal당 상대가격	세계	유럽	북미와 오스트랄라시아	동아시아 (중국 제외)	아프리카 (서부 및 중앙)
주식인 곡물, 감자류(밀, 쌀, 옥수수, 감자, 참마 등)의 가격을 1.0으로 한다					
적색육 (소, 양 등)	11.5	7.8	5.9	7.9	22.1
백색육 (닭, 돼지 등)	5.4	4.1	1.9	6.2	9.4
푸른 잎채소 (시금치, 소송채 등)	16.1	26.1	12.2	26.8	11.9
그 외 채소	4.7	4.3	3.4	10.1	7.8

표 10-1 세계 및 4대 지역에서의 주식으로 비교한 식육과 채소의 상대가격

여기서 주목해야 할 점은 '적색육과 백색육'[2]의 상대가격이 북미와 오스트랄라시아[3]에서는 가장 저렴하고, 아프리카에서는 가장 비싸다는 것입니다. 이 두 지역 간의 차이는 적색육에서 약 4배, 백색육에서는 약 5배에 이릅니다. 예를 들어, 적색육의 상대가격은 북미와 오스트랄라시아에서 주식의 5.9배인 반면, 아프리카에서는 22.1배에 달합니다. 이로 인해 북미와 오스트랄라시아에서는 고기 소비량이 가장 많고, 아프리카에서는 가장 적게 됩니다(6장 표 6-1 참조 p.131).

한편, 푸른잎채소와 다른 채소의 상대가격은 그만큼의 지역적 차이가 없습니다. 그러나 아프리카를 제외한 지역에서는 푸른잎채소의 상대가격이 가장 높게 나타나며, 아프리카에서는 적색육의 상대가격이 가장 높아집니다. 결국, 아프리카에서는 주식이나 채소에 비해 고기가 상대적으로 매우 비싸기 때문에 식재료로 선정되기 어려운 상황입니다. 만약 아프리카에서 고기의 상대가격이 북미 수준으로 낮아진다면, 소득 수준이나 금액이 변하지 않더라도

…

2 역자 주: 붉은 빛을 띠는 포유류의 고기, 등푸른 생선의 붉은 살코기 등을 적색육이라고 하며, 닭, 오리, 거위와 같은 가금류에서 생산된 고기를 백색육이라고 한다. (단, 저자는 표에서 돼지고기를 백색육으로 구분하였는데, 이는 돼지고기의 부위 및 근섬유에 포함되는 미오글로빈의 양에 따라 백색육으로 구분하는 경우가 있기 때문이다.)

3 역자 주: 일반적으로 호주와 뉴질랜드 및 주변 도서 지역까지를 가리킨다.

식육 소비량은 현재보다 증가할 것으로 예상됩니다.

지방세와 탄산음료세 그리고 환경 개선

식품 가격 정책의 목적은 식품의 '상대가격'을 조정하여 사람들의 식품 구매 패턴을 변화시키는 것입니다. 하지만, 고려해야 할 점은 이러한 변화가 반드시 바람직하다는 보장이 없다는 것입니다. 예컨대, 비만 대책으로 가장 핵심적인 역할을 하는 것은 특정 식품 가격을 조절하여 사람들이 더 건강한 식생활을 하도록 유도하는 정책입니다.

세계적으로 유명한 예로는 덴마크에서 도입된 지방세와 미국에서 도입된 탄산음료세가 있습니다. 이 두 세금은 비만 대책으로 도입되어, 과세된 식품의 소비량은 크게 감소하며 세금의 영향력이 충분히 나타났습니다. 그러나, 과세되지 않은 식품의 소비량에도 변화가 생겼고, 이런 점을 포함하여 전반적인 효과를 볼 때 성공적이었다고 평가하기에는 어려움이 있었습니다.

덴마크의 경우를 조금 더 자세히 살펴보면, 덴마크 정부는 2011년 10월에 포화지방산이 2.3% 이상 들어 있는 식품인 버터, 우유, 치즈, 육류 등에 대해 1kg당 16덴마크 크로네(DKK)의 세금을 부과하였습니다. 여기에 25%의 부가가치세(VAT)가 추가되어, 소비자 입장에서는 가격이 실질적으로 약 20DKK(약 3천 원) 상승하였습니다. 이로 인해 버터의 가격은 약 20% 상승하는 등 상당한 가격 인상이 발생하였습니다. 그러나 지방세는 2013년 1월 1일에 폐지되었습니다. 이유는 지방세의 도입으로 다른 식품의 가격까지 상승한 탓입니다. 예를 들면, 버터나 마가린의 가격 상승으로 인해 식물성 기름의 수요가 증가하며 그 가격 또한 상승하였습니다. 이로 인해 전체 식료품 가격이 상승하였으나, 과세 대상이 된 식품의 '상대가격'은 변동이 없었음을 의미합니다. 결과적으로, 사람들의 경제적 부담은 증가하였지만, 건강 개선에 대한 실질적 효과는 미미하였습니다. 덴마크의 지방세 효과를 평가한 연구에서도 지방세 도입으로 포화지방산 섭취량은 단 4%밖에 감소하지 않았으며, 대신에 나트륨 섭취량은 증가하여 건강 개선 효과는 매우 제한적이었다고 결론지었습니다.

또 하나의 사례를 살펴보겠습니다. 미국 캘리포니아주 버클리시에서는 2015년에 감미료가 포함된 모든 음료에 대하여 1온스당 1센트의 '탄산음료세'를 도입하였습니다. 일반적인 캔 음료의 용량이 350ml, 즉 약 12온스이므로, 캔 하나당 가격이 12센트(약 12%) 상승한 셈입니다.

참고로, 이 탄산음료세는 이후 필라델피아, 샌프란시스코, 시애틀 등 9개의 다른 도시에서도 도입되었습니다. 미국 외에도 약 30

개국에서 이와 유사한 세금이 도입되었는데, 비만 대책을 명목으로 하였으나 세수를 늘리는 것이 주요 목적인 경우도 있었습니다.

버클리 이야기로 돌아가 보면, 탄산음료세 도입 이후 탄산음료와 스포츠음료 등의 매출은 9.6% 감소하였고, 반면 세금의 대상이 되지 않은 물, 차, 채소 주스 등의 매출은 3.4% 증가하였다는 연구 결과가 있습니다. 이로 보아 도시 전체의 음료 구매 패턴에 상당한 영향을 미쳤음을 알 수 있습니다.

더불어, 탄산음료세 도입하고 3년, 4년이 지난 2019년에는 버클리와 필라델피아에서 과세 대상 음료의 매출이 도입 전과 비교하여 46%에서 53%까지 감소하였다는 보고가 있습니다.

한편, 탄산음료세에 대한 반응으로 소비량을 줄인 주체는 탄산음료의 소비량이 적은 사람들이었으며, 습관적으로 탄산음료를 섭취하는 사람들은 대부분 변화가 없었다는 연구 결과가 있습니다. 즉, 본래 건강한 식습관을 가진 사람들만 더 건강해졌을 뿐, 식생활 개선이 절실한 사람들에게는 효과가 미미했다는 것입니다. 더욱이, 필라델피아 주민 중에는 탄산음료세가 부과되지 않는 인근 지역에서 탄산음료를 구매하는 경우도 발견되었으며, 이로 인해 탄산음료세의 실질적인 효과는 더욱 감소했다(약 20% 감소)는 지적도 있습니다.

또한 버클리와 샌프란시스코는 미국 내에서도 건강 의식이 높은 사람들이 많은 도시로 알려져 있습니다. 이러한 지역에서의 효과가 긍정적이었다 하더라도 다른 지역에서도 동일한 결과가 나타날 것인지에 대한 의문은 여전히 해결되지 않았습니다.

또 다른 관점에서, 식품 가격 정책의 효과를 '섭취'의 건강 측면뿐만 아니라 '생산'에 따른 환경 부담 측면도 고려해 볼 필요가 있습니다. 즉, 과세 대상 식품의 감소가 유사한 다른 식품의 증가로 이어지더라도, 환경 부담을 줄일 수 있습니다. 예컨대, 6장에서 소개한 고기세의 사례를 들 수 있습니다. 유럽에서는 생산에 따른 환경 부담의 크기에 따라 소고기에는 높은 세금을, 돼지고기와 닭고기에는 상대적으로 낮은 세금을 부과하는 방안이 검토되고 있습니다. 이러한 세금 도입으로 인해 소고기의 소비량은 크게 감소하며, 그 부분은 돼지고기나 닭고기로 대체될 것으로 예상됩니다. 소와 비교하여 돼지나 닭은 생산에 따른 환경 부담이 적기 때문에, 고기 전체 섭취량이 동일하더라도 환경 부담은 상당히 감소하게 됩니다.

식품 접근성과 소비 패턴의 복잡한 관계

'식품의 가격 정책과 같은 미지근한 방법보다는 식품의 접근성을 물리적으로 제한하거나 개선하는 것이 더 효과적이다'라는 의견이 상당히 많습니다. 예를 들면, 식품 사막이라고 불리는, 도보권 내에 신선한 식품을 판매하는 가게가 없는 지역에서 채소나 과일 가게를 새롭게 오픈하여, 이러한 식품의 소비를 증가시키려는 시도가 있습니다. 반대로, 정부의 식량 원조 프로그램이나 학교 구내식당에서 정크푸드나 감미료가 들어간 음료를 배제하여 이러한 식품의 소비를 감소시키려는 노력도 있습니다. 하지만 이런 시도들을 할 때에는 '인과관계의 오류'의 가능성을 고려해야 합니다.

식품 사막에서 채소나 과일을 판매한다는 것은, '그 지역의 사람들이 채소나 과일을 구매하려고 해도 근처에 판매처가 없다'라는 전제하에 의미가 있습니다. 만약 '그 지역의 사람들이 채소나 과일을 구매하려 하지 않아서 판매처가 없다'라면, 근처에서 판매한다 하더라도 소비는 늘어나지 않을 것입니다. 정크푸드의 경우도 마찬가지로, 가까이 있어서 산다가 아니라 먹고 싶어서 산다는 상황이라면, 일부 지역에서 배제한다 해도 인터넷이나 다른 곳에서 구매할 것입니다.

예를 들어, 미국 필라델피아의 저소득 지역에서는 대규모 사회실험이 이루어졌습니다. 이 실험에는 해당 지역의 630개 상점이 참가했고, 이 중 무작위로 선발된 192개 상점에서는 채소, 과일, 저지방유, 전립 곡물[4]과 같은 건강한 식품을 일 년 동안 판매했습니다.

…

4 역자 주: 배아와 껍질 등을 도정하지 않은 곡물(현미, 귀리, 호밀 등)을 가리키며, 건강에 좋다고 알려져 있다.

그 결과, 건강한 식품을 판매한 상점과 판매하지 않은 상점에서의 판매된 식품의 영양 성분량은 큰 차이가 없었습니다. 이는 건강한 식품에 대한 접근성이 개선되더라도 구입량이 그다지 증가하지 않았음을 시사합니다.

비슷한 연구로는 필라델피아의 저소득 지역에서 슈퍼마켓을 새로이 설립함으로써 인근 주민의 식생활과 체형에 어떠한 영향을 미치는지를 살펴본 연구가 있습니다. 새로운 슈퍼마켓의 등장으로 채소나 과일과 같은 신선 식품에 대한 접근성은 개선되었지만, 인근 주민의 채소나 과일 소비량과 체질량 지수에는 큰 변화가 없었습니다.

그렇다면, 정크푸드 등의 판매를 금지하는 방법은 어떨까요? 예를 들어 미국의 40개 주를 대상으로 한 연구가 있습니다. 이 연구에서는 감미료가 든 음료의 판매를 '금지한 주'와 '금지하지 않은 주'에서 중학생들의 구입 패턴을 비교하였습니다. 이러한 분석 결과, 판매 금지로 중학생들의 학교에서의 감미료가 든 음료 구입은 약 7% 줄었으나, 학교 외에서의 소비는 증가하여 결국 전체 소비량은 크게 변하지 않았습니다.

중학생들이 이러한 행동을 보인 이유 중 하나로는 '심리적 저항'의 영향을 고려할 수 있습니다. 심리적 저항이란, 선택의 자유가 외부로부터 제한을 받았을 때, 그 제한을 극복하려는 반발 반응을 말합니다. 예컨대, 사람들은 식품의 가격 변화에 대해 이유와 상관

없이 비교적 냉정하게 반응할 수 있으나, 정책에 의해 식품 접근성이나 행동이 제한되면 더욱 감정적으로 반응할 수 있습니다.

다시 말해, 접근성이나 행동을 과도하게 제한하려고 하면, '심리적 저항'이 더욱 강화되어 제한하는 데에는 많은 노력이 필요하며, 기대한 효과를 얻기 어려울 수 있습니다. 그렇기 때문에, 식품 가격 정책처럼 사람들에게 선택의 기회를 제공한 후 압박을 가하는 방식이 비용 대비 효과적일 수 있습니다.

식품 라벨의 중요성과 놀라운 역할

'식품 라벨'에 대해서 살펴보겠습니다. 식품 라벨은 '먹다' 쪽에 영향을 주는 것으로, 식품의 가격 정책과 마찬가지로 중요한 역할을 수행하고 있습니다.

자주 볼 수 있는 것만 해도, 영양 성분 표시, 원산지 표시, 유기농 마크, 바다의 에코 라벨[5], 도쿠호[6], 기능성 표시 등이 있습니다. 특히, 영양 성분 표시는 약 60개국에서 의무화되어 있어 세계적으로

…

5 **역자 주**: 수산자원과 자연환경을 고려하여 지속 가능한 어업 환경에서 생산된 수산물에 부착되는 라벨이다.

6 **역자 주**: 몸에 좋은 기능성 성분을 포함하는 특정 보건용 식품을 가리키며, 엄격한 심사를 거쳐 생산을 허가한다.

가장 널리 보급된 식품 라벨입니다. 일본에서도 2020년 4월부터 새로운 식품표시제도가 시행되어, 가공식품의 영양 성분 표시가 의무화되었습니다.

그렇다면, 식품 라벨은 어떠한 역할을 가지며, 왜 중요한 것일까요? 우선, 그 역할은 소비자가 식품을 선택할 때 참고할 수 있는 정보를 제공하는 것입니다. 식품 라벨을 통해, 겉 포장만으로는 알 수 없는 식품의 안전성이나 품질 등을 올바르게 이해하고, 개인과 사회가 좋은 선택을 할 수 있도록 유도하는 것입니다.

이러한 역할은 '식량 시장의 실패'를 개선하기 위해서도 중요합니다(6장 참조). 먼저, 생산자만이 알고 있는 정보를 소비자에게 전달함으로써 '정보의 비대칭성'을 개선할 수 있습니다.

또한, 식품이 건강과 자연환경에 미치는 영향을 전달함으로써 '먹다'와 '식량 생산'에서 발생하는 '부정적 외부성'을 줄일 수 있습니다. 한편, 어떤 식품을 선택할지는 결국 소비자의 판단에 달려 있어, 소비자의 선택지를 제한하지 않는 것이 중요합니다. 그러나 '식품 라벨이 정말 효과가 있는가?'라며 회의적인 의견도 많습니다. 식품 라벨의 효과에 대한 연구 결과도 이견이 있어, 확고한 결론을 내리기는 어렵습니다.

그리고, 효과가 적다고 판단되는 연구에서는 그 원인으로 ① 라벨을 볼 생각조차 하지 않음 ② 라벨의 내용을 제대로 이해하지 못함 ③ 라벨을 이해하더라도 행동 변화가 없음과 같은 세 가지 문제점이 지적되고 있습니다.

그리고, 이러한 문제를 개선하기 위한 노력이 바로 '식품 라벨의 핵심'입니다. 구체적으로는 라벨의 내용이나 디자인을 개선하여 더 효과적으로 만들려는 노력입니다. 이 부분에 대해 좀 더 자세히 살펴보기 위해 영양 성분 표시에 주목해 봅시다. 영양 성분 표시는 많은 나라에서 의무화되어 있으며, 실제로 사용되는 디자인도 다양합니다. 또한, 더 효과적인 디자인을 찾기 위한 다양한 연구가 진행되고 있습니다.

자세한 이야기를 하기 전에, 먼저 디자인이 얼마나 다양한지 살펴보셨으면 합니다.

그림 10-1에서는 동일한 식품의 영양 성분을 서로 다른 두 가지

디자인 1

패키지 뒷면에 표시
영양 성분 표시(60g당)

에너지	350kcal
당류	0.2g
지질	20.5g
포화지방산	10.8g
염분	0.5g

디자인 2

패키지 겉면에 표시
영양 성분 표시(60g 당)

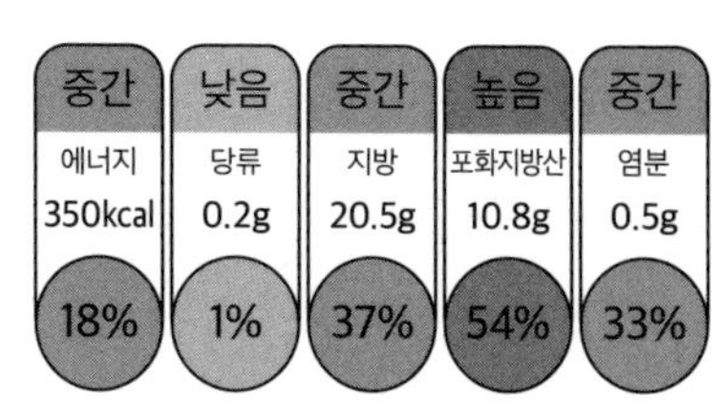

그림 10-1 영양 성분 라벨 디자인 비교

디자인으로 표현하고 있습니다. 디자인 1은 일본에서 자주 사용되는 디자인으로, 포장지 뒷면에 표시됩니다(표시 내용은 다릅니다). 한편, 디자인 2는 더 효과적이라고 여겨지는 디자인이며, 포장지 앞면에 표시되어 있습니다.

한눈에 봐도 상당히 다른 것을 알 수 있습니다. 이러한 차이는 이전에 언급한 식품 라벨의 세 가지 문제를 해결하기 위한 노력의 결과입니다.

먼저, '라벨을 보지 않는 것'에 대한 해결책으로는 포장지 앞면에 영양 성분표를 표시하는 방법이 있습니다. 이를 프론트 오브 팩(Front Of Pack, FOP) 라벨이라고도 합니다. 일반적으로 영양 성분 표시는 포장지 뒷면에 있어 물건을 들어 뒤집어야만 확인할 수 있어 번거롭습니다. 그러나 앞면에 표시하면 이러한 번거로움이 없어지고, 실제로 소비자가 확인할 가능성도 높아집니다.

예를 들어, 영국에서의 FOP 라벨의 효과를 조사한 연구가 있습니다. 영국 정부는 2006년에 햄버거와 피자 같은 자체 개발 상품에 대해 FOP 라벨 사용을 권장하였습니다. 이후, 'FOP 라벨을 도입한 슈퍼마켓'과 '그 밖의 슈퍼마켓'에서 가정당 식품 구입량과 영양 성분량을 비교한 결과, FOP 라벨 도입으로 가공식품 구입량이 9%에서 14% 줄었고, 구입한 식품의 영양 성분도 개선되었습니다. 더 구체적으로는, 월간 에너지양이 588kcal, 포화지방산이 7g, 당류가 6.9g, 염분량이 0.8mg 감소하였습니다. 한편, FOP 라벨이 부착되지 않은 식품 구입량에는 큰 변화가 없었습니다.

다음으로, '라벨의 내용을 이해하지 못하는 것'에 대한 대책은 라벨을 더 쉽게 이해할 수 있도록 단순화하는 것입니다. 예를 들면, 영국에서 개발된 '신호 방식'입니다. 그림 10-1은 흑백이라 색상을 구별하기 어렵지만, '높음'은 붉은색, '중간'은 노란색, '낮음'은 녹색으로, 건강에 나쁜 영향을 미칠 수 있는 영양 성분은 붉은색으로 표시하여 주의를 환기시키고, 문제가 없는 영양 성분은 녹색으로 표시하였습니다.

또 하나의 시도로는 '하루에 필요한 영양섭취량 가이드(Guideline Daily Amounts, GDA)' 표시가 있습니다. 그림 10-1에서처럼, 식품의 에너지양이 350kcal인 경우에는 단순히 350kcal만 표시하는 것이 아니라, 그 350kcal가 하루에 필요한 에너지양의 약 18%인 것까지도 표시합니다.

예를 들어, 필자는 홍콩에서 실시한 실험에서 칼로리 표시가 과자의 구입 패턴에 미치는 영향을 분석하였습니다. 그 결과, 칼로리 표시 효과는 그 사람이 '하루에 필요하다고 생각하고 있는 에너지양'의 크기에 따라 다르다는 것을 알게 되었습니다. 예를 들어, 하루에 약 2,000kcal가 필요하다는 올바른 지식을 가진 사람은 감자칩 한 봉지의 350kcal를 보고 생각보다 칼로리가 높다고 느껴

구입량을 줄이는 경향이 있었습니다. 반면, 하루에 약 1만kcal가 필요하다고 잘못 알고 있는 사람은 감자칩 한 봉지의 350kcal를 보고 의외로 칼로리가 낮다고 느끼며, 구입량을 늘리는 경향이 있었습니다. 따라서, 이러한 역효과를 방지하기 위해서는 GDA를 표시하고, 그 수치가 나타내는 의미도 함께 전달할 필요가 있다는 것을 나타냅니다.

또한, 다른 연구에서는 여러가지 FOP 라벨 방식의 효과를 비교하기 위해 프랑스의 슈퍼마켓에서 무작위로 비교 실험을 진행하였습니다. 그림 10-2은 이 연구에서 비교된 '간소화 방식', '영양 점수 방식', '영양 벤치마크 방식' 그리고 '복합 신호 방식'의 네 가지 방식을 정리한 것입니다.

'간소화 방식'은 식품의 영양 성분을 기반으로 전체적인 품질을 네 단계로 평가합니다. '영양 점수 방식'은 식품에 포함된 건강에 좋은 성분과 나쁜 성분의 양을 고려하여, A에서 E까지 다섯 단계로 평가합니다. '영양 벤치마크 방식'은 에너지양, 지방, 포화지방산, 당류 및 식염의 양과 각각의 GDA를 막대그래프로 표시합니다. 마지막으로 '복합 신호 방식'은 '영양 벤치마크 방식'에 '신호 방식'을 결합한 것으로, 그림 10-1의 디자인 2도 이 방식에 속합니다. 이 시험에서는 프랑스의 슈퍼마켓 40개를 무작위로 선택하여, 이를 네 그룹으로 나누고 각 그룹에서 서로 다른 FOP 라벨 방식을 3개월 동안

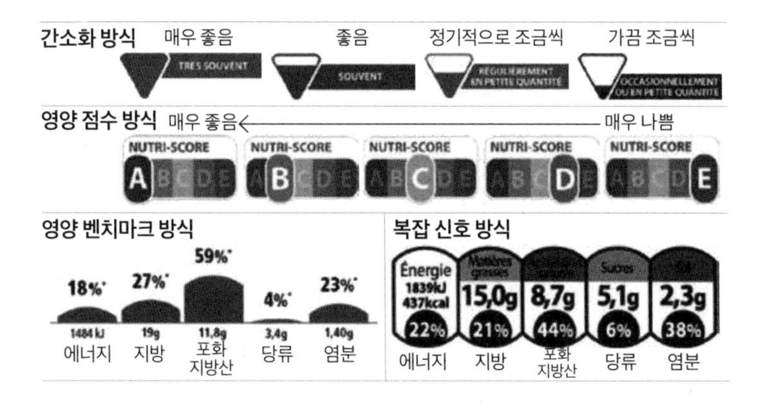

그림 10-2 FOP 영양 성분 표시의 네 가지 방식

적용하였습니다.

이후, 이들 네 그룹의 판매 이력을 FOP 라벨을 도입하지 않은 슈퍼마켓 20개 점포와 비교하여 각 방식의 효과를 평가하였습니다.

결과적으로, 가장 효과적이었던 것은 '영양 점수 방식'이었고, 그 다음으로 효과적이었던 것은 '복합 신호 방식'이었습니다. 영양 점수 방식과 복합 신호 방식은 건강한 식품의 구입량을 각각 14% 및 8% 증가시키는 효과가 있었습니다. 그러나 '간소화 방식'과 '영양 벤치마크 방식'은 식생활 개선 효과를 볼 수 없었습니다.

영양 점수 방식이 복합 신호 방식보다 더 효과적이라는 점에서, 단순한 라벨이 더 효과적이라고 볼 수 있을지도 모릅니다. 그러나 복합 신호 방식이 간소화 방식보다는 더 효과를 보였기 때문에, 단순함만으로는 모든 것을 설명할 수 없어 보여 추가적인 연구가 필요한 영역입니다.

세 번째 문제인 '라벨을 이해해도 행동이 바뀌지 않음'은 식품 라벨만으로 해결할 수 있는 문제가 아닌 것으로, '먹다'에 관한 전반적인 상황 변화가 필요합니다. 이에 대한 구체적인 대책은 11장에서 다루도록 하겠습니다.

또한, 최근에는 '친환경 식품의 선택을 돕는 라벨'도 주목받고 있습니다. 유기농 마크나 바다의 에코 라벨 같은 것이 그 예입니다. 이런 라벨도 앞서 언급한 세 가지 문제(보지 않음, 이해하지 않음, 이해해도 행동하지 않음)를 가지고 있습니다. 특히 '라벨의 내용을 이해하지 못함'이나 '잘 알려지지 않은' 문제가 더욱 심각합니다.

이러한 라벨들 대부분은 특정한 기준을 충족시킨 것을 나타내는 인증 라벨이지만, 대게 로고 마크만 표시되어 있어 어떠한 기준을 충족시키고 있는지를 파악하기 어렵습니다. 따라서 라벨의 의미를 정확히 알지 못하면 기대한 효과를 얻기도 어려운 상황입니다.

예를 들어, 필자가 주고쿠[7] 지역에서 실시한 조사에서는 '유기농

…

7 역자 주: 일본 혼슈 최남단의 돗토리현, 시마네현, 오카야마현, 히로시마현, 야마구치현 일대를 가리킨다.

마크를 알고 있는지'와 '유기농으로 재배한 쌀에 지급할 수 있는 금액'의 관계를 조사하였습니다. 조사 결과, 유기농 마크를 알고 있는 사람은 전체의 약 17%에 불과하였으며, 유기농 마크를 알지 못하는 사람들은 '유기농 쌀'과 '보통 쌀'에 대한 지불 가능한 금액 사이에 차이를 보이지 않았습니다. 반면, 유기농 마크를 알고 있는 사람들은 '유기농 쌀에 대한 지불 가능한 금액'이 '보통 쌀'에 비해 두 배 가까이 높았습니다. 따라서, 유기농 마크의 인지도를 높이는 것이 유기농 마크가 진가를 발휘하기 위한 중요한 단계임을 알 수 있습니다.

이처럼, 식품 라벨만으로는 충분한 효과를 얻기 어려운 경우가 적지 않습니다. 그러나, 식품 라벨은 식품 선택의 기본 정보를 제공하므로, '먹다'와 관련된 다른 정책과 결합될 필요가 있습니다. 이렇게 다른 정책과 결합하면 식품 라벨이 더욱 효과를 발휘할 가능성이 있습니다.

온실가스 배출권 거래 제도의 노림수

지금까지는 '먹다' 측면에 대한 압력을 살펴보았으며, 이제부터는 '식량 생산' 측면에 대한 자극에 대해 살펴보겠습니다.

먼저, '식량 생산'에서 비롯된 '부정적 외부성' 중 환경오염 문제를 개선하기 위한 대책을 알아보겠습니다. 6장에서도 설명하였듯이, 이 문제를 해결하기 어려운 이유 중 하나는 오염된 자연 자원에 대한 시장이 존재하지 않으며, 자연 자원과 환경오염의 금전적 가치를 파악하기 어렵다는 점입니다.

이에 따라, 환경오염의 금전적 가치를 결정하는 시장을 창출하려는 목적으로 '배출권 거래 제도'가 도입되었고, 특히 온실가스 배출권 거래 제도가 널리 이용되고 있습니다.

그렇다면, 배출권 거래 제도란 어떠한 제도이며, 어떤 목적을 가지고 있을까요?

배출권 거래 제도는 과학적 근거에 기반하여 배출량의 상한선을 정하고, 이를 기업에게 유상 또는 무상으로 분배합니다. 이후, 기업 간에 배출권을 거래할 수 있는 시장이 형성되어, 기업은 자신의 실제 배출량에 맞는 배출권을 확보할 수 있습니다. 만약 '실제 배출량'이 '배출권 보유량'보다 많을 경우, 벌금이 부과됩니다. 이렇게 설명하면, '정부가 직접 배출량을 제한하면 되지 않느냐?' 혹은 '배출량에 대한 세금이나 배출량 삭감에 대한 보조금 도입이 더 낫지 않느냐?'라고 생각할 수도 있습니다. 하지만, 이러한 방안을 실제로 실행하려면 상당한 비용이 발생하며, 이는 오히려 비효율적일 수 있습니다.

여기서 문제가 되는 것은 기업들의 불균일성을 정확하게 파악하기 어렵다는 점입니다. 온실가스 배출량을 적극적으로 삭감하는 기업도 있겠지만, 부담을 느끼는 기업도 있어서, 적극적인 기업이 더 많이 삭감할수록 사회 전체의 비용은 절감됩니다. 그러나, 삭감에 대한 기업의 적극성은 해당 기업만이 정확히 알 수 있기에, 기업 입장에서는 정부에 실제보다 더 부담스럽다고 보고하는 것이 이롭습니다. 이로 인해 정부는 기업들의 불균일성을 정확히 알기 어려워, 각 기업에 대한 최적의 제한량을 결정하거나, 사회 전체에 적절한 세금이나 보조금을 설정하는 것이 어려워지게 됩니다.

이러한 상황에서 배출권 거래 제도가 도입된 것입니다. 이 제도의 목적은 기업들이 시장을 통해 배출권을 거래하도록 함으로써, 자연스럽게 효율적인 배출권 분배가 이루어지게 하는 것입니다. 여기서의 장점은 정부가 기업들의 불균일성에 대해 알 필요가 없다는 것입니다. 또한, 기업들은 배출량 삭감의 효율성을 높이면서 남은 배출권을 팔거나 벌금을 피하게 되어 금전적 이익이 발생하며, 이는 신규 배출 삭감 기술의 개발까지 촉진하게 됩니다.

실제로 '배출권 거래 제도'는 세계적으로 44개국과 지역에서 적용되고 있습니다. 2021년의 OECD 보고에 따르면, 에너지 사용으로 인한 온실가스 배출량의 약 40%가 이러한 제도(탄소세 포함)를 통해 관리되고 있습니다. 반대로 볼 때, 60%는 여전히 제한을 받지 않고 있는 상황입니다. 또한, 온실가스 배출권의 적정 거래 가격은 이산화탄소 환산 1톤당 60유로(약 78,000원) 이상이 권장되고 있으나, 대부분의 국가에서는 30유로(약 39,000원) 이하로 거래되고 있습니다.

예를 들어, EU의 유럽 배출권 거래 제도에서는 2018년부터 2019년에 걸쳐 거래 가격이 1톤당 16유로에서 25유로로 상승하여, 시장에서 온실가스 배출량이 8.9% 감소했다는 추산이 있습니다. 일본 역시 도쿄도와 사이타마현에서는 각각 2010년과 2011년부터 합계 약 2,000개의 사업소를 대상으로 삭감 의무가 있는 배출권 거래 제도가 도입되어 있습니다. 그러나 실제로 거래된 양은 예상치의 몇 퍼센트에 불과하여 성공적이라고 평가하기는 어렵습니다.

더불어, 현재까지의 배출권 거래 제도는 대상 업종이 철강, 화학, 자동차, 전력, 운송 등의 비농업 분야에 한정되어 있으며, 농업 분야에 이 제도를 도입한 국가는 아직까지 없습니다. 이는 농가의 온실가스 배출량을 계측하기가 어렵고, 계측이 가능하다 하더라도 각 농가를 개별적으로 모니터링하는 데 막대한 비용이 들기 때문에 비효율적입니다. 그러나 6장에서 살펴본 바와 같이, 농업 생산에서 발생하는 온실가스 배출량은 전체의 약 20%를 차지하고 있어, 대책이 필요한 상황입니다.

마침내 뉴질랜드는 2025년부터 배출권 거래 제도를 농업 분야에 도입하기로 결정하였습니다. 이러한 결정의 배경에는 뉴질랜드의 온실가스 배출량 중 거의 절반이 농업에서 발생하고 있다는 사실이 있습니다.

뉴질랜드 정부의 계획 중 가장 바람직한 예상 시나리오는 2025년부터 농장 단위로 배출권 거래 제도를 운용하는 것입니다. 이를 위해 정부와 농업 부문은 '헤 와카 에케 노아(He Waka Eke Noa)'[8]라는 명칭으로 파트너십을 구축하였고, 농장 단위의 온실가스 발생원과 배출량을 관리하기 위한 회계 및 보고 시스템의 개발을 진행 중이라고 합니다. 다만, 만약 시스템 개발이 지연된다면, 축산업에서의 온실가스 배출량은 가공업자가 모니터링할 것이며, 비료로 인한 온실가스 배출량은 비료 제조업자 또는 수입업자가 모니터링하게 될 것입니다. 농업 분야에서의 배출권 거래 제도가 얼마나 효과적으로 작동할지 그리고 만약 작동한다면 어느 정도의 효과를 볼 수 있을지, 이에 대한 관심이 집중되고 있는 시점입니다.

식량 시장에 디지털 혁신이 가져다줄 가능성

마지막으로, 식량 시장의 디지털 혁신이 가져다줄 가능성에 대해 살펴보겠습니다. 여기에서 '식량 시장의 디지털 혁신'은 '식량 시장의

…

8 역자 주: '우리는 모두 같은 배의 승무원'이라는 의미이다.

디지털화가 사회 전체에 미치는 혁신'이라는 의미로 사용합니다.

예컨대, IoT 기술을 활용해 '식량 생산'부터 '식사'에 이르는 밸류체인에서 빅데이터를 수집하고, 이를 클라우드상에서 인공지능을 이용해 분석함으로써, 더 건강하고 친환경적인 식생활이 가능한 사회를 구축할 가능성이 있습니다.

이러한 변화의 기반이 된 것은 밸류체인의 여러 측면에서 대량의 기계 판독할 수 있는 데이터를 수집하고 분석할 수 있게 된 것과, 이러한 정보를 처리할 수 있는 디지털 플랫폼의 발전 덕분입니다. 예를 들어, 2014년에는 하루에 한 농장당 19만 개의 데이터 포인트를 수집할 수 있었지만, 2050년에는 이 수가 410만 개로 증가할 것으로 예상됩니다.

식량 시장의 디지털 혁신은 '정보의 비대칭성'과 '거래 비용'의 문제를 크게 개선할 것으로 기대되고 있습니다. 정보의 비대칭성이 해소되면 식품의 안전성이 향상되고 식품 손실도 줄일 수 있을 것입니다. 또한, 거래 비용의 절감을 통해 새로운 기술의 보급과 더욱 유연하며 효율적인 식량 공급이 가능해질 것입니다.

이를 구체적인 예로 들면, 식품 이력 추적제(Traceability)가 있습니다. 이 시스템은 식품의 생산부터 소비까지의 과정을 기록하여, 식품의 출처와 유래를 추적할 수 있게 합니다.

일본에서는 BSE 발생과 오염된 쌀 부정 전매 사건을 계기로 소의 이력 추적제와 쌀의 이력 추적제가 의무화되었습니다. 그러나, 다른 식품에서는 거래 기록을 정리하고 저장하기 위한 번거로움과 비용 때문에 이력 추적제가 여전히 보급되지 않는 것이 현실입니다. 그렇지만, 안전성에 관한 문제가 발생했을 때 원인 규명, 확대 방지 및 소비자의 신뢰 회복을 위해서도 식품 이력 추적제가 정착되어야 합니다.

이 중에서도, 분산형 대장 기술(Distributed Ledger Technology)과 스마트 콘트랙트(Smart Contract) 등의 디지털 기술을 활용하면, 식품 이력 추적제의 번거로움을 크게 줄일 수 있습니다. 분산형 대장 기술은 암호화 기술을 통해 기록된 데이터의 수정을 방지하며, 밸류체인상에서 일련의 거래 이력을 정확하게 기록하여 거래의 투명성을 높이고 데이터의 감사나 공유를 용이하게 하는 기술입니다. 또한, 스마트 콘트랙트는 제삼자를 거치지 않고 당사자 간에 신용이 담보된 거래를 가능하게 하는 디지털 기술입니다.

농장에서 식탁까지의 계약이나 절차가 스마트 콘트랙트를 통해 이루어지고, 해당 기록이 분산형 대장을 통해 모든 관계자와 공유된다면, 큰 비용이나 번거로움 없이 높은 투명성과 신용을 확보할 수 있게 됩니다. 여기서의 관계자는 소비자도 포함되므로, 소비자는 구입할 식품의 안전성과 신선도는 물론, 어디에서 어떻게 운반되었는지까지 손쉽게 확인할 수 있게 됩니다. 이로써 식량 시장에서의 '정보의 비대칭성' 문제가 크게 개선될 것이며, 식품 사기나 식품 오염의 발생 및 확산을 막고, 소비자는 더욱 안전하고 신뢰할 수 있는 식품을 찾을 수 있게 될 것입니다.

스마트 콘트랙트의 사용은 제삼자에 의한 개입을 줄이며, 온라인상에서의 거래 가능성을 열어, 전반적인 거래 프로세스를 대폭 단축시킵니다. 이를 통해 이른바 '거래 비용'이 크게 절감되며, 이로 인해 식품 공급 사슬의 효율성이 향상되어 식품을 더욱 저렴하고 안정적으로 공급할 수 있습니다. 이러한 시도 중 유명한 예가 IBM 푸드 트러스트(Food Trust)입니다. IBM 푸드 트러스트에는 돌(Dole), 드리스콜(Driscoll's), 크로거(Kroger) 등 세계적인 식품 생산 업체, 유통 업체, 소매 업체가 참여하고 있습니다.

프랑스의 대형 슈퍼마켓인 까르푸는 IBM 푸드 트러스트를 활용하여 판매되는 닭고기의 상세 정보(치료 이력이나 신선도 등)를 소비자에게 제공하고 있습니다. 유사한 예로, 유럽과 미국에서 올리브오일을 판매하는 회사인 CHO 역시 상품 포장에 부착된 QR 코드를 스마트폰으로 스캔하여 상품의 시리얼 번호를 입력하면, 원재료의 생산 농장이나 인증 결과 등을 소비자가 직접 확인할 수 있도록 하고 있습니다.

또 하나, 식량 시장의 디지털 혁신이 기대되는 점은 '농업 생산으로 인한 환경 부담'과 '수요와 공급의 불일치로 인한 식품 손실'을 줄일 수 있는 가능성입니다. 예를 들어, 기후, 토지 및 물 상태, 재배 작물의 종류와 품종, 비료나 농약의 사용 시기와 양 등 상세한 생산 활동 데이터를 수집하고, 생물화학이나 환경학의 분석 모델과 결합하여 농가의 생산 활동으로 인한 환경 부담을 예측하거나 수치화할 수 있을 것입니다. 이를 통해 앞서 설명한 온실가스 배출권 거래 제도를 농가 단위로 도입할 수 있게 되며, 농가는 이를 고려한 생산계획을 세워 효율적으로 환경 부담을 줄일 수 있게 됩니다.

또한, 시장 동향, 보관 및 배송의 제약 조건, 재고와 판매 상황, 유통 기한까지의 기간 등의 데이터를 실시간으로 수집하면 최적의 공급량을 예측할 수 있게 되어, 판매 잔여나 유통 기한 경과 등으로 인한 식품 손실을 줄일 수 있게 됩니다.

이렇게 식량 시장의 디지털 혁신은 '식량 시장의 한계'를 극복할 큰 가능성을 내포하고 있습니다. 한편, 8장에서 설명한 바와 같이 아무리 훌륭한 기술이나 시스템이 있더라도 결국은 사용하는 사람이 중요합니다. 이 때문에, 기술적인 측면뿐만 아니라 '사람다움'을 포함한 대책도 필요하며, 이에 대해서는 다음 장에서 논의하겠습니다.

11장

'사람다움'을 더하기

11장에서는 '사람다움'으로 인한 문제를 개선하기 위한 여러 시행 착오를 살펴보겠습니다. 더 구체적으로는, '먹다'와 '식량 생산'을 둘러싼 상황을 세밀하게 살펴보고, 지금까지 검토한 다양한 문제 개선 시도를 어떻게 하면 효과적으로 적용할 수 있을지 알아보려고 합니다.

이러한 노력은 요리에서의 조미료와 같은 역할을 하며, 살짝 추가하거나 수정하는 보조적인 수단입니다. 예를 들어, 9장이나 10장에서 다룬 노력과 시도가 고기와 생선이라면, 11장에서 살펴본 내용들은 소금과 후추, 향신료에 비유할 수 있습니다. 하지만, 조미료의 사용 방법에 따라 고기나 생선의 맛이 크게 달라지듯이, '사람다움'이라는 작은 노력이 큰 효과를 발휘할 수 있습니다.

✔ '먹다' 상황에 자극 주기

'사람다움'을 더하여 '먹다'를 둘러싼 상황에서 자극을 주는 방법은 주로 두 가지입니다.

①고민하고 선택하는 상황 만들기

②무의식 중에 좋은 선택을 유도하는 상황 만들기

참고로, 행동 경제학자 리처드 세일러 등의 저서를 통해 널리 알려진 '넛지(약간의 주의 환기)'에는 이런 모든 방법이 포함되어 있습니다. 첫 번째 방법은 더욱 적극적인 넛지로, 리마인드 등이 여기에 포함됩니다. 반면, 두 번째 방법은 보다 부드러운 넛지에 속하며, 여기에는 디폴트 효과를 이용하는 방법 등이 있습니다.

두 번째 방법을 보고 고민하지 않아도 괜찮을지 의문을 품는 사람들도 있을 것입니다. 물론, 첫 번째 방법만으로 충분하다면 굳이 두 번째 방법을 사용할 필요는 없습니다. 하지만, 어떠한 상황에서도 침착하게 생각하는 이들이 있는 반면, 심사숙고하더라도 바람직한 선택을 하지 못하는 이들도 있을 것입니다. 한편으로는 인구 증가와 환경 문제가 지속적으로 진행되고 있어, 지금 당장 식생활을 바꿀 필요성이 대두되고 있습니다. 이에 따라, 두 번째 방법 역시 중요한 대안으로 부상하고 있습니다. 이제 각각의 방법에 대한 구체적인 예시를 살펴보겠습니다.

고민하고 선택하는 상황 만들기

먼저 사람들이 더 심사숙고하여 선택할 수 있는 상황을 조성하고, 그 결과로 더 바람직한 선택을 하도록 유도해야 합니다. 예컨대, 넛지를 통한 주의 환기를 활용하면 8장에서 다뤘던 설사로 인한 어린이 사망률을 감소시킬 가능성이 있습니다. 8장에서는 '잘못된 착각'으로 인해 경구재수화염을 사용하지 않는 경우, 선택을 바꾸기가 매우 어렵다고 설명하였습니다.

따라서, 애초에 어린이가 설사에 걸리지 않도록 넛지를 활용하는 것이 좋습니다. 구체적으로는 문자나 음성 메시지를 통해 가정에서 마시는 물의 품질을 개선하는 방법을 알려 주거나, 비누로 손을 씻게 함으로써 정기적으로 리마인드하는 방식입니다. 개발도상국에서는 글을 읽을 수 없는 사람들이 있기 때문에, 문자뿐만 아니라 음성 메시지의 활용도 중요합니다. 최근에는 '모바일 헬스 보이스 메시지(mHealth)'라는 움직임이 주목받고 있습니다. 예를 들어, 방글라데시에서 mHealth 효과를 분석한 연구를 살펴보겠습니다. 이 연구는 수도 다카에서 약 16개월 동안 설사로 진찰받은 환자

769세대를 대상으로 무작위 비교 실험을 실시하였습니다. 이때 세 가지 방법, 즉 '진찰', 'mHealth', 'mHealth 및 자택 방문'으로 설사 예방 정보를 전달하였으며, 전달 내용은 모두 동일했습니다.

일반적으로는 진찰받을 때에만 정보를 전달하지만, mHealth의 경우에는 진찰받은 날부터 12개월 동안 매주 1회씩 메시지를 발송하였습니다. 메시지의 내용은 '조리 전, 식사 전, 화장실 사용 후, 아이의 얼굴이나 엉덩이를 닦은 후에는 손을 씻기', '가족 중 설사 환자가 발생하면 이후 일주일 동안은 마시는 물에 염소제를 넣거나 끓여서 소독하기', '마시는 물은 뚜껑이 달린 용기에 보관하기' 등이었습니다. 결과적으로, 진찰 후 12개월 동안 5세 미만 아이들 중 설사에 걸린 비율은 기존에는 21~25%였지만, mHealth에 참여한 세대에서는 15~19%로 감소하였습니다. 또한 2세 미만 아이들의 발육 장애 비율도 기존의 45%에서 mHealth 참여 세대에서는 32~33%로 크게 감소하였습니다.

다음으로, 10장에서 언급한 식품 사막 지역에서 건강한 식품에 대한 접근성을 개선하기 위한 노력을 '한마디 건네기'와 결합한다면 더욱 효과적일 것입니다. 예컨대, 미국의 식품점에서 진행된 사회 실험 사례를 살펴보겠습니다. 이 실험에서는 소비자가 건강한 식품을 쉽게 구입할 수 있도록 작은 포장으로 제공하고, 계산대 옆에 배치하였습니다. 그 후, 점원이 해당 식품에 대해 설명하는 가게와 그렇지 않은 가게의 매출을 비교하였습니다. 결과적으로, 식품에 대한 설명을 제공한 가게에서의 매출은 설명을 하지 않은 가게에 비해 두 배 이상 증가하였습니다. 이를 통해 식품 접근성의 개선은 점원의 간단한 설명(넛지)으로도 크게 향상될 수 있다는 것을 알 수 있습니다. 또한, 8장에서 언급한 '배달 서비스의 예시'는 '현재 중시 편향'의 영향을 줄이기 위한 다양한 노력을 포함하고 있습니다. 학교의 점심 주문 방법을 개선하여 식단을 더 건강하게 구성하려는 연구가 그 예입니다.

이 연구에서는 뉴욕주에 있는 두 개의 초등학교 14개 반에서 4주 동안 그날 점심을 '배가 고픈 점심시간에 바로 선택'하는 반과 '배가 고프지 않은 오전 중에 미리 선택'하는 반을 무작위로 나누어, 각 반에서 실제로 선택된 점심의 내용을 비교하였습니다. 결과는 사전에 주문하는 쪽이 더욱 건강한 점심을 선택했을 것이라고 예상됩니다. 하지만, 아쉽게도 이 논문은 데이터의 정당성에 대한 의혹으로 2019년에 취하되고 말았습니다. 이 때문에 연구 결과에 대해서는 여기에서는 언급하지 않겠습니다. 일련의 연구에서 중심 인물이었던 교수가 대학을 그만둘 정도로 큰 문제가 되었습니다. 당시에는 주목받는 연구자였기 때문에 매우 안타까운 결과였습니다. 하지만, 아이디어 자체는 아주 흥미롭고, 참고하면 좋을 사례라고 생각하여 언급해 두었습니다.

이야기가 조금 빗나갔지만, 이 밖에도 다양한 아이디어가 생겨나고 있습니다. 예를 들어, 어떤 연구에서는 미국 버지니아와 캐나다 토론토의 슈퍼마켓에서 일부 쇼핑 카트를 그림 11-1과 같이 테이프로 절반을 나누어, '채소와 과일은 앞부분 절반에 넣어 주세요'와 같은 메모를 붙인 실험을 하였습니다. 그리고, 일반적인 카트를 사용한 고객과 절반을 구분한 카트를 사용한 고객 사이에 구입한 식품의 내용을 비교하였던 것입니다.

이 실험의 목적은 고객이 물건을 카트에 넣을 때마다 그것이 채소인지 과일인지, 아니면 다른 물건인지를 의식하게 하는 것입니다. 그 결과로, 일반 카트를 사용한 고객에 비해 절반으로 나눈 카트를 사용한 고객이 약 두 배나 많은 채소와 과일을 구매하였으며, 총지

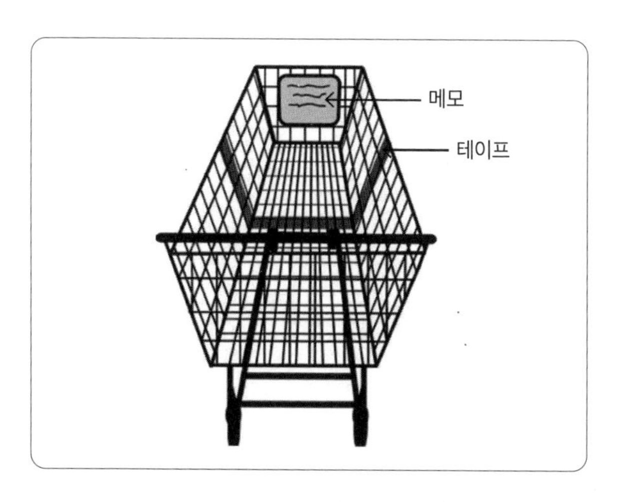

그림 11-1 메모를 부착하고 테이프로 절반으로 나눈 쇼핑 카트

불액도 25% 증가하였습니다. 즉, 고객은 더 건강한 선택을 하게 되고, 슈퍼마켓도 매출이 증가하는 윈윈의 상황이 발생한 것입니다.

지금까지 살펴본 다양한 노력들은 우리 일상생활에도 적용할 수 있습니다. 예를 들어, 많은 사람들이 거의 매일 장을 보며 그날의 식사를 계획합니다. 하지만 귀가하는 길에 장을 보게 되면, 여러 생각을 할 여유 없이 '그냥 오늘 먹고 싶은 것'을 사는 날이 반복되지 않나요? 이러한 상황에서는 시간에 쫓겨 당장 판단해야 하므로 인지 편향이 발생하기 쉽고, 이로 인해 편식이나 식품 손실이 발생하기 쉽습니다. 이를 개선할 방법으로는 일주일치 식사를 미리 계획하는 방법이 있습니다. 최근에는 식사 메뉴를 제안해 주는 애플리케이션도 있어 도움이 됩니다. 미리 식사를 계획하면 건강한 식사를 할 수 있을 뿐만 아니라 불필요한 지출도 줄일 수 있습니다. 또한, 식사 시간에는 현재 먹고 있는 것에 집중할 수 있는 환경을 만드는 것도 중요합니다. 텔레비전나 스마트폰은 보지 않고, 밝은 방에서 식사하는 것이 좋습니다.

무의식적으로 바람직한 선택하기

하지만 특정한 상황을 만들어서 고민하고 선택하도록 해도, 때때로 바람직한 선택을 하지 못하는 것이 현실입니다. 그렇기 때문에 차선책으로, 사람들의 휴리스틱과 반사적인 의사결정을 활용하여, 일부러 생각하지 않아도 좋은 선택을 할 수 있게 하는 접근이 중요합니다. 이는 이 장의 앞부분에서 소개한 '무의식 중에 좋은 선택을 유도하는 상황 만들기'에 해당합니다.

이 방법은 주로 '디폴트 효과', '현저성 효과', '사회적 증명' 등을 활용합니다. '사회적 증명'이란 개인의 행동이 타인이 사회적으로 올바르다고 인식하는 행동이나 태도에 영향을 받는 현상을 말합니다. 이 방법의 핵심은 바람직한 선택지를 가능한 한 번거롭지 않은 선에서 눈에 띄게 하여, 사회나 커뮤니티의 변화를 이끌어 내는 것입니다.

그럼, 다시 개발도상국의 설사 문제를 살펴보겠습니다. 다시 강조하지만, 설사를 줄이는 핵심 중 하나는 안전하게 소독한 물을 공급하는 것입니다. 일본 등 개발도상국이 아닌 나라에서 아이들이 설사를 잘 하지 않는 이유는 염소로 소독한 수돗물을 마시기 때문입니다. 하지만 개발도상국에서는 상하수도 시설이 완비되어 있지 않은 지역이 많아, 스스로 염소계 소독약을 사용하여 마시는 물을 소독해야 합니다. 이 작업이 조금 번거로워서 사람들이 종종 잊어버리기도 합니다.

이에, 케냐의 연구에서는 염소계 소독약을 저렴한 가격으로 제공하던 지역에서 '공공 염소 지급기'를 마을의 우물 옆에 무료로 설치하였습니다. 이로 인해 마을 사람들은 소독약을 사지 않아도 되고, 우물에서 물을 길어올리고 나서 바로 필요한 양의 소독약을 사용할 수 있게 되었습니다. 또한, 우물 옆에 설치된 지급기를 보면서 소독의 필요성을 재인식하게 되었습니다. 게다가, 다른 마을 사람들이 사용하는 것을 보고, 자신이 사용하는 모습도 다른 이들이 보게 되어 사회적 증명을 통해 물을 소독하게 되었습니다.

그 결과로 염소계 소독약을 사용하는 가정의 비율은 7%에서 60%까지 상승하였습니다. 즉, 가정용 염소계 소독약을 보조금을 주어 저렴하게 제공하는 것보다 마을에 공공 염소 지급기를 설치하는 것이 더 효과적이었다는 것입니다. 정부의 부담은 조금 증가하였지만, 효과를 감안할 때 공공 염소 지급기는 비용 대비 효과가 가장 높은 설사 예방 대책입니다.

다음으로, 2009년에 미국에서 시작된 '스마터 런치룸 운동(Smarter Lunchrooms Movement)'을 소개합니다. 이는 현재까지 미국 전체 2만 개 이상의 공립학교가 참가하고 있는 운동으로, 공립학교의 식당 환경을 소폭 개선하여 학생들이 보다 건강한 점심을 선택할 수 있게 하는 것이 목적입니다. 핵심은 채소와 과일과 같은 건강한 식품을 눈에 잘 띄게 배치하고, 음식 사진을 전시하는 등의 작은 노력을 하는 것입니다. 그리고 무엇보다, 이러한 노력에 필요한 비용이 50달러(약 5만 원)에 불과했다는 점이 운동이 확산된 이유 중 하나입니다.

자세한 내용을 살펴보겠습니다. 먼저, 식품을 고르기 쉽게 배치하는 방법입니다. 예를 들어, 기존에는 '탄산음료, 초콜릿 우유, 우유, 물 등이 일렬로 배치'되어 있었던 것을 '우유와 물을 앞에, 초콜릿 우유와 탄산음료를 뒤에 배치'하는 방식입니다. 이 변화로 인해 초콜릿 우유 대신 우유를 선택하는 학생이 증가하여, 우유 소비량이 20% 증가하였다는 보고가 있습니다. 또한, 쿠키나 칩 같은 과자류는 학생이 직원에게 부탁하지 않으면 얻을 수 없는 식당 카운터 안쪽에 배치하는 방법도 제안되고 있습니다.

다음으로, 눈에 잘 띄게 하는 노력입니다. 예를 들어, 기존에는 많은 식당에서 사과나 오렌지 같은 과일이 비말을 막는 아크릴판 뒤에 숨겨져 있어 눈에 띄지 않았으며, 허리춤 높이의 차가운 스테인리스 용기에 담겨 있었습니다. 이에 과일을 계산대 근처로 옮기

그림 11-2 채소 캐릭터로 장식한 샐러드바

고, 손으로 집기 쉬운 높이에 따뜻한 느낌의 세라믹 볼에 담아 놓도록 변경하였습니다. 이러한 노력의 효과는 뉴욕주의 중학교에서 9주 동안 무작위 비교 실험을 통해 검증된 연구에서 확인할 수 있습니다. 그 결과, 점심에 과일을 선택하는 학생 수가 36% 증가하였고, 과일 소비량 또한 23% 상승하였다고 보고되었습니다.

또한, 요리 사진도 중요한 역할을 합니다. 예시로, 또 다른 연구에서는 미국 도시 지역의 10개 초등학교에서 샐러드바에 채소 캐릭터 그림을 전시하는 무작위 비교 실험을 진행하였습니다. 연구 결과, 그림이 전시된 초등학교에서는 24%의 학생이 채소를 섭취한 반면, 그림을 전시하지 않은 초등학교에서는 12.6%의 학생만이 채소를 섭취하였습니다. 따라서, 그림을 전시함으로써 채소를 섭취하는 학생의 비율이 거의 두 배 가까이 증가한 것으로 나타났습니다.

스마터 런치룸 운동에서는 이 외에도, 요리를 퍼 담는 도구 크기, 조명의 밝기, 테이블의 배치, 벽에 부착하는 포스터 등 100가지 이상의 창의적인 방안이 제안되고 있습니다. 학교마다 이러한 제안 중에서 실행할 수 있는 아이디어를 자유롭게 선택하고 조합할 수 있습니다. 이러한 높은 자유도가 이 운동이 널리 확산되는 데 큰 역할을 하였습니다.

마지막으로, 10장에서 다룬 탄산음료세와 지방세의 경우, 얼마나 잘 표시되느냐에 따라 그 효과가 달라지는 가능성에 대해 살펴보겠습니다. 여기서 주요 포인트는 '현저성 효과'와 '프레이밍 효과'입니다. 예컨대, 건강하지 않은 요리에 20% 세금이 부과될 때, 세금 표시 방식의 차이에 따라 식사의 칼로리 섭취량에 어떤 변화가 있는지를 조사한 연구가 있습니다. 구체적으로는, '메뉴에 20% 세금이 포함된 가격을 명시하고 건강하지 않은 음식에 20% 세금이 부과된다고 표기', '메뉴에 세금 미포함 가격을 명시하고 건강하지 않은 음식에 20% 세금이 부과된다고 표기' 그리고 '세금이 부과되지 않음'의 세 그룹으로 나누어 주문한 내용의 차이를 비교한 것입니다. 참가자들은 10달러 예산으로, 음료 12종류, 메인 12종류, 스낵 9종류로 나뉜 메뉴에서 선택합니다. 그리고 메뉴의 각 부분에는 상대적으로 건강한 음식과 건강하지 않은 음식이 비슷한 비율로 준비되어 있습니다. 예를 들어, 채식 버거와 치즈버거가 모두 준비되어 있는 것입니다.

그 결과로, '비과세' 조건과 비교했을 때, 메뉴에 과세 후 가격을 명시한 그룹에서는 칼로리 섭취량이 104kcal 줄었습니다. 반면, 메뉴에 과세 전 가격을 명시한 그룹에서는 70kcal밖에 감소하지 않았습니다. 이는 세금의 내용은 동일하더라도, 과세 후의 금액이 더 명확히 표시되면 소비자의 행동에 더 큰 영향을 끼친다는 것을 의미합니다. 그러므로, 탄산음료세와 지방세의 경우, 세금이 부과된다는 것을 명확히 표시한 후에, 과세 후의 가격을 명시하는 방식이 더 큰 효과를 보일 수 있습니다.

'식량 생산' 상황에 자극 주기

이번에는 '식량 생산' 분야에서 '사람다움'을 반영한 다양한 시행착오에 대해 살펴보겠습니다.

'식량 생산'은 선택하는 사람에게 주변 환경이 자극을 주는 측면에서 '먹는 행위'와 유사합니다. 그러나 '식량 생산'에서의 선택은 '먹는 행위'와 달리 심사숙고해야 하는 경우가 많으며, 무의식적인 선택을 유도하는 전략도 권장할 만한 것이 아닙니다. 따라서, '사람다움'을 반영하더라도 '먹는 행위'만큼의 여지가 없어, 자극을 주는 방향이 달라지게 됩니다.

먼저, 8장에서 소개한 것과 같이, 아프리카에서 농업 생산성이 낮음에도 불구하고 비료를 사용하지 않는 문제부터 살펴보도록 하겠습니다.

이 문제의 한 원인으로는, 수확기에 돈이 있음에도 불구하고 낭비를 해 버려서, 다음 씨를 뿌릴 시기에는 비료를 사기 위한 돈이 부족하다는 점이 있었습니다. 이 문제를 해결하기 위한 대책 중 하나로는 다음 농업 생산을 위해 저축하도록 하는 구조, 이른바 '약정 수단(commitment device)'를 제공하는 방법이 있습니다. 예를 들어, 말라위 공화국에서 농가가 소액금융 계좌를 개설할 수 있도록 도움을 주는 무작위 대조 실험이 진행되었습니다. 이 실험에서는 무작위로 '일반 계좌만 개설'하는 그룹과 '일반 계좌와 농업 자재용 특별 계좌를 개설'하는 두 그룹으로 나누었습니다. 핵심은 이 특별 계좌는 한번 입금하면 다음 씨 뿌리기 시즌까지 돈을 인출할 수 없는 구조로, 목적이 더욱 명확하고 약정으로 인한 강제성이 높다는 것입니다. 그 결과, 일반 계좌만을 개설한 농가에 비해, 특별 계좌까지 개설한 농가에서는 씨 뿌리기 직전의 저축액이 9.8% 증가하였고, 비료의 사용률은 26.2% 증가, 농업 생산량은 22.0% 증가, 수확 후의 가계 지출은 17.4% 증가하였습니다. 반면, 일반 계좌만을 개설한 농가는 저축 계좌를 개설하지 않은 농가와 비교하여 큰 차이가 없었습니다.

또한, 금전적인 어려움에 더해, 마을에서 시장까지 비료를 사러 가는 것이 번거롭다는 의견도 있습니다. 시장으로 가는 길이 대부분 비포장 도로이며 상황이 불편한 경우가 많아, 자동차를 소유하고 있는 농가도 드뭅니다. 그래서 무거운 비료를 구매하기 위해 이동하는 것이 불편하다는 것은 이해할 수 있습니다. 이에, 비료를 작은 단위로 나누어 판매하는 방법도 시도되었지만, 그다지 큰 효과는 나타나지 않았습니다.

이에 따라 케냐에서는 비료 무료 배달 서비스 도입에 대한 무작위 대조 실험을 실시하였습니다. 이 결과, 농가에서의 비료 사용률이 47~70% 증가한 것으로 보고되었습니다. 시장까지 가서 비료를 사 오는 번거로움이 없어지고, 무료 배달이라는 금전적인 이점도 있었던 것이 중요한 포인트였습니다. 더욱이, 이런 효과는 비료 가격을 50% 지원했을 때와 거의 동일한 것으로 나타났습니다.

이외에도 디지털 기술의 활용 사례가 있습니다. 나이지리아의 쌀 농가를 대상으로 한 연구에서는 '라이스 어드바이스(RiceAdvice)'라는 안드로이드 애플리케이션을 통해 개인 맞춤형 시비 관리에 대한 어드바이스를 제공하여, 이로 인한 생산성 향상 여부를 무작위 대조 실험을 통해 검증하였습니다.

기존의 시비 관리 어드바이스는 작물의 종류(쌀, 밀, 대두 등)와 토지의 비옥도를 세 단계(높음, 중간, 낮음)로 나누어 제공하곤 했습니다. 반면, 라이스 어드바이스는 쌀에 특화되어, 다양한 쌀 품종, 모심기 방법, 전년도의 단위 면적당 수확량, 현재 사용 중인 비료의 종류 등을 기반으로 해당 농가와 농지에 최적화된 시비량을 조언해 줍니다. 즉, 이는 복잡하고 인지적 부하가 큰 시비 관리의 번거로움을 크게 줄여 주는 것입니다. 그 결과, 라이스 어드바이스를 이용한 농가는 전체 시비량을 조정하지 않아도 생산량을 7% 증가시킬 수 있었으며, 농업 생산으로 인한 이익 또한 10% 상승하였습니다.

이것은 기존에 존재하는 기술만으로도 '인간다운 접근'을 통해 농가의 상황을 소소하게 개선함으로써 생산성을 향상시킬 수 있다는 것을 의미합니다.

한편, 새로운 기술의 도입을 꺼리는 문제도 있으며, 그 원인 중 하나로 '주의력의 한계'를 꼽을 수 있습니다.

이에 대한 해결책으로, '인간다운 접근'을 도입한 정보 제공이나 리마인드와 같은 주의환기를 고려할 수 있습니다. 예컨대, 타깃 농가에 맞춤화된 사회적 비교나 규범을 활용하여 메시지를 전달하는 방식입니다. 이 방식은 타깃 농가가 주목하는 그룹을 예로 들어, 새로운 기술의 도입 상황을 비교하는 등의 메시지를 포함합니다. 그러나 '식량 생산'이라는 맥락에서 이러한 접근의 효과를 검증한 연구는 아직 발견되지 않았습니다.

그러나, '인간다움'을 반영했다고 말하기는 어려워도, 정보의 전달 방식에 창의성을 도입하는 것의 중요성을 명시한 연구는 존재합니다. 그 예로, 중남미 에콰도르에서 이루어진 연구에서는 농약 등의 사용량을 최소화하는 병충해 관리 방법인 통합 병충해 관리(Integrated Pest Management, IPM)를 새롭게 확산시키기 위해 텍스트 메시지 활용 방법의 효과를 무작위 비교 시험을 통해 검증하고 있습니다. 이 연구의 대상은 IPM 하루 트레이닝 세션에 참가한 감자 농가였으며, 이전까지는 트레이닝 종료 시 IPM 교과서만 제공되었습니다. 반면 이번 실험에서는 '감자 재배 10주 동안 IPM 작업 관련 텍스트 메시지가 휴대전화로 발송'되는 서비스를 무작위로 선정한 참가자들에게만 제공했습니다. 예컨대, '이랑을 높게 하면, 감자뿔나방으로부터의 피해를 방지할 수 있음을 기억하세요'와 같은 구체적인 작업 및 그 목적에 관한 정보가 해당 작업을 수행해야 하는 시기에 전송되었습니다. 결과적으로, 텍스트 메시지를 받은 농가는 다른 농가에 비해 IPM에 관한 지식(테스트 점수)이 18.3%에서 23.2%까지 높아졌으며, IPM에서 권장하는 작업을 채택하는 비율도 5.5%에서 9.3% 상승했습니다. 결국, 정보 제공만으로는 부족하며, 제공 시기와 내용에 창의성을 더함으로써 더 큰 효과를 볼 수 있다는 것이 증명되었습니다.

'사람다움'의 한계와 지속적 접근의 중요성

지금까지 '사람다움'을 더하는 것의 장점에 대해 이야기해 보았습니다. 그러나 이 장의 앞부분에서 언급하였듯이, 이러한 노력은 보조적인 역할을 하는 것이며 주된 방법은 아닙니다. 그리고, 이러한 시도는 여러 한계가 있다는 것을 명심해야 합니다.

지금까지의 논의를 통해 보았듯이, 조금만 상황이 달라져도 사람의 선택이나 행동에 큰 변화를 가져올 수 있습니다. 이는 반대 상황에서도 마찬가지로, 작은 변화가 효과를 상쇄시킬 수 있다는 것을 의미합니다.

또한, 11장에서 다룬 시도는 '작은' 자극에 중점을 둔 것이 핵심입니다. 사람이 느끼는 허용치는 매우 제한적이기 때문에, 이러한 자극이 반복되면 사람의 허용치를 초과하여 자극의 효과가 소멸할 가능성이 큽니다.

따라서, '사람다움'을 더할 때에는 자극의 종류와 조합에 주의해야 하며, 인지적 부하가 큰 상황에서는 이를 너무 자주 사용하면 사람들이 거부감을 느껴 역효과를 낼 수 있습니다. 이는 집요한 영업 전화가 역효과를 끼치는 것과 유사한 원리입니다.

추가로, 선택을 유도하는 무의식적 자극이 너무 많아도 효과가 줄어들 수 있습니다. 예컨대, 건강한 식품을 홍보하기 위해 팝업을 과도하게 사용하면, 각각의 메시지가 눈에 띄지 않아 사람들이 무시하게 될 것입니다.

이러한 한계가 존재함에도 불구하고 '사람다움'을 더하는 노력은 사람의 선택과 행동에 영향을 미치는 유용한 시작점이 될 수 있습니다. 다시 말해, 이러한 노력을 통한 효과가 시작점을 넘어서기를 기대하지 않는 것이 중요하며, 이를 기반으로 한 장기적 변화를 위한 구조를 마련해야 합니다. 이를 위해서는 결국 새로운 방법을 도입하기보다는 9장과 10장에서 언급한 시행착오를 꾸준히 이어 나가는 것이 중요합니다.

4부

미래를 상상하기

'먹다'로 생각하는 미래 사회

⁂

4부를 시작하기 전에

4부에서는 지금까지 고민한 내용을 종합하여, 다시 한번 「사회에 가장 바람직한 '먹다'」에 대해 생각해 보도록 하겠습니다. 그 전에, 1부 맨 마지막에 했던 질문을 기억하시나요? '여러분은 어떤 '먹다'가 사회에 가장 바람직하다고 생각하시나요?'라는 질문입니다. 지금까지의 내용을 통해 여러분 나름의 답을 찾으셨다면, 그 답을 어딘가에 메모해 두시기 바랍니다.

이 질문에는 전문가들이 제안하는 하나의 구체적인 답이 존재합니다. 이는 유일한 정답이 아닐 수 있지만, 세계의 여러 전문가들 사이에서는 어느 정도의 합의를 보고 있습니다. 마지막 장인 12장에서는 전문가들의 제안과 그것을 실현하기 위해 필요한 변화에 대해 살펴보도록 하겠습니다.

'전문가들의 제안'과 '제안을 해석한 여러분의 생각'에 어떠한 차이가 있는지 그리고 그 차이가 왜 발생하는지를 고민하며 읽어나가신다면, 앞으로의 내용이 더욱 흥미롭게 다가올 것입니다.

12장

앞으로의 '먹다'에 대하여

현재의 '먹다'와 '식량 생산'이 중심이 된 구조는, 주로 지금 세대의 사람들의 욕구를 충족시키기 위해 구축된 것입니다. 이런 관점에서 보면, 완벽하지는 않지만 이 목적은 이미 어느 정도 달성되었다고 볼 수 있습니다.

그러나, 이러한 구조도 한계에 도달한 상태입니다. 한정된 지구상의 자원만으로 계속 증가할 세계 인구를 먹여 살리며, 50년 후나 100년 후에도 지금과 같이 식량을 지속적으로 생산하기 위해서는, 단기적인 식량 생산성 향상만으론 부족합니다. 이제부터는 빈곤 감소, 건강한 식생활의 촉진, 기후변화 및 생물 다양성 위기 완화 그리고 자연재해에 대한 강한 대응 체계 구축 등, 다양한 목표를 동시에 고려하며 식량 생산성을 높여 나가야 합니다.

그렇지만, 이런 이야기들은 추상적으로 들릴 수 있어, 구체적으로 이해하기 어려울 것입니다. 이 장에서는 이와 같은 다양한 목표들을 함께 고려하면서, 어떤 형태의 '먹다'와 '식량 생산'이 필요한지 구체적으로 살펴보도록 하겠습니다.

건강하게 지속 가능한 식생활이란?

앞으로의 '먹다'를 고민할 때 특히 중요한 점은 '먹다'가 건강에 미치는 영향과 '식량 생산'으로 인한 환경 부담입니다. 이러한 두 가지 측면을 고려한 식생활을 '건강하게 지속 가능한 식생활'이라고 부릅니다.

여기서 핵심은 '건강함'과 '지속 가능성'을 동시에 개선할 수 있다는 점입니다. 즉, 보다 건강한 식생활을 추구한다면, 이는 동시에 지속 가능한 식생활이 될 가능성이 높아집니다. 예를 들어, 보다 건강한 식생활을 위해 아래 세 가지 변화가 필요한데, 이 변화들은 각각 환경 부담 감소에도 기여할 수 있습니다.

첫째, 선진국 등에서는 과식을 줄여야 하며, 이를 통해 식량 생산 전체에 필요한 자연 자원을 절약할 수 있습니다. 둘째로, 식물성 식품의 비율을 늘리고 동물성 식품의 비율을 크게 줄여야 하므로, 이를 통해 축산에 의한 온실가스 배출과 수질오염을 감소시킬 수 있습니다. 셋째로, 고도로 가공된 식품이나 첨가당류 등의 소비를 줄이는 것이 권장되며, 이런 조치로 인해 복잡한 가공 공정에서 발생하는 식품 손실을 감소시킬 수 있습니다.

'건강하게 지속 가능한 식생활'의 구체적인 예로 세계적으로 가장 널리 인정받고 있는 것은 6장에서 소개한 이트-랜싯 위원회의 제안입니다. 이 제안은 「사회에 가장 바람직한 '먹다'」에 대한 전문가들의 답 중 하나입니다.

이트-랜싯 위원회는 식생활에 관한 다양한 전문 분야의 연구자들로 구성되어 있으며, 과학적 근거에 기초하여 2050년까지 달성해야 할 '건강하게 지속 가능한 식생활'의 기준을 제시하고 있습니다. 이 기준은 지금부터 이트-랜싯 기준이라고 칭하겠습니다. 이트-랜싯 기준에 따른 식품 카테고리별 일인당 하루 섭취량은 표8에 정리되어 있습니다.

먼저 이트-랜싯 기준과 현재 일본인(20세 이상)의 식생활을 비교해 보겠습니다(표12-1 참조). 일본인은 전반적으로 고기, 생선, 포화지방산의 섭취가 많고, 반면에 과일, 유제품, 견과류의 섭취는 상대적으로 부족함을 확인할 수 있습니다. 특히 소고기, 돼지고기, 달걀, 포화지방산의 섭취량은 허용 범위 상한선을 초과하여, 약 35%에서 85%까지 줄여야 합니다. 과일의 경우도 섭취량이 허용 범위 하한선에 가까우므로, 더욱 늘려야 합니다.

1인당(하루)	이트-랜싯 기준 섭취량	허용 범위	일본인의 섭취량
곡류	232g		410.5
고구마류	50g	(0~100)	50.0
야채	300g	(200~600)	280.5
과일	200g	(100~300)	100.2
유제품	250g	(0~500)	110.7
단백질원_ 소와 양	7g	(0-14)	15.5g
돼지	7g	(0-14)	39.9g
닭	29g	(0~58)	30.8g
계란	13g	(0~25)	41.4g
생선	28g	(0~100)	68.5g
콩류	75g	(0~100)	64.6g
견과류	50g	(0~75)	2.7g
지질_	40g	(20~80)	35.7g
불포화지방산	11.8g	(1~11.8)	17.9g
포화지방산			
첨가당류	31g	(0~31)	-

표 12-1 이트-랜싯 기준과 일본인의 현재 식생활 비교

*일본인의 섭취량은 만20세 이상의 평균값이며, 첨가당류의 데이터는 보고되지 않음

하지만, 표 12-1의 수치만으로는 전체 상황을 완전히 이해하기 어려우므로, 섭취 빈도를 고려하여 생각해 볼 필요가 있습니다. 예컨대, 이트-랜싯 기준에서 소고기나 돼지고기의 권장 섭취량은 일인당 하루에 7g이지만, 이는 매일 7g씩 먹어야 한다는 의미가 아닙니다. 만일 한 번의 식사에서 70g의 소고기를 섭취하였다면, 이러한 식사는 열흘에 한 번이 되는 것입니다.

이렇게 변환하여 생각하면, 소고기나 돼지고기 섭취는 월 3회 정도로, 닭고기, 생선, 달걀 등도 각각 주 3회 정도로 제한해야 합니다. 반면에 곡류, 채소, 과일, 대두 제품(두부, 낫토, 콩고물, 두유 등) 및 유제품은 일상적으로 섭취해야 하며, 감자류와 견과류도 일주일에 한 번 이상은 섭취하는 것이 좋습니다. 더불어, 포화지방산을 줄이고 불포화지방산 섭취를 늘리기 위해, 사용하는 식용유 중에서 참기름(들기름), 아마씨유, 채종유, 쌀기름 등의 비율을 조절해야 합니다. 이트-랜싯 위원회에 따르면, 세계 인구가 이러한 식생활을 실천한다면, 심장질환이나 2형 당뇨병 등의 위험도가 감소하고, 세계 연간 성인 사망자수는 약 1,080만 명에서 1,160만 명(19.0%에서 23.6%)까지 줄어들 수 있을 것으로 예상하고 있습니다. 이 중에서도 과일, 채소, 견과류, 콩류 섭취 증가가 큰 기여를 할 것으로 보이며, 반면에 고기 섭취 감소는 환경 부담 감소에 주로 기여할 전망입니다.

먼저, 이트-랜싯 위원회에서는 '식량 생산'이 초래하는 환경 부담을 감안하여 2050년까지 달성해야 할 환경 보호 목표에 대해 논의하고 있습니다. 예를 들면, 이들은 2050년까지 '식량 생산'에 의한 온실가스 배출량을 연간 50억 톤(이산화탄소 환산)으로 제한하고, 사용할 수 있는 경작지 면적을 1,300만km²로 유지하며, 취수량(빗물 제외, 관개용수만 포함)은 연간 2,500km³ 이내로 제한하는 것을 제안하고 있습니다.

이러한 목표가 얼마나 도전적인 것인지 이해하기 어렵다면, 현재의 식생활과 식량 생산 패턴이 그대로 유지된다면 2050년까지 온실가스 배출량은 연간 약 98억 톤, 경작지 면적은 약 2,110만km^2, 취수량은 연간 약 3,000km^3가 필요하다는 예측을 참조하면 됩니다. 즉, 온실가스 배출량과 경작지 면적은 각각 예측치의 96% 및 62%를 줄여야 합니다.

더욱이, 2050년에는 세계 인구가 100억 명에 이를 것으로 예상되어, 식량 생산량은 지속적으로 증가해야 합니다. 이로 인해 이트-랜싯 위원회는 다른 두 가지 목표와 달리 식량 생산에 사용되는 물의 양을 줄이기 어렵다고 판단하고 있습니다. 현재 세계 취수량의 70% 이상이 이미 식량 생산을 위해 사용되고 있는데, 이 비율은 2050년까지 더욱 증가할 것으로 예상되어, 전체 취수량 중 90% 이내로 제한하는 것을 목표로 하고 있습니다.

건강하게 지속 가능한 식생활에 필요한 변화와 비용

그러면, 일본 이외의 지역들도 고려하여 이트-랜싯 기준을 만족시키기 위해 필요한 식생활 변화와 이러한 식생활을 실천하기 위한 비용에 대해 좀 더 상세히 살펴보겠습니다. 그림 12-1은 전 세계, 북미 그리고 사하라 이남 아프리카의 세 가지 케이스에서 이트-랜

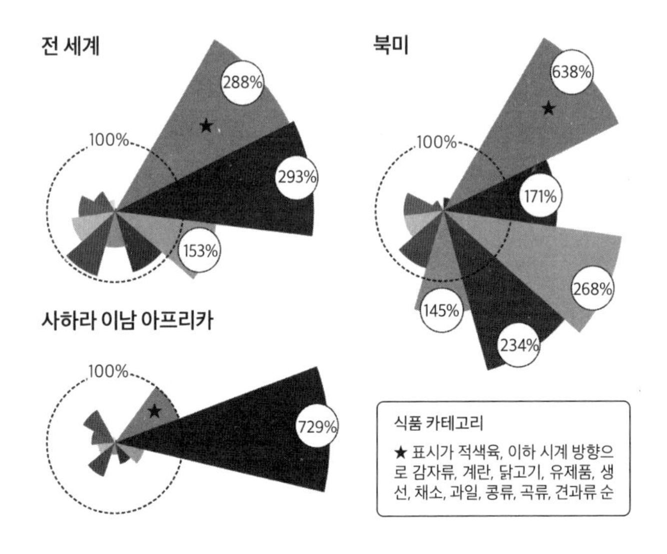

그림 12-1 이트-랜싯 기준과 현재 식생활의 차이

싯 기준과 현재의 식생활 간의 차이를 11가지 식품 카테고리별로 정리한 내용입니다.

전 세계적으로 보면, 적색육, 감자류, 달걀의 섭취량은 각각 기준치의 288%, 293%, 153%에 달합니다. 한편, 다른 식품 카테고리의 섭취량은 부족하여, 닭고기와 생선을 제외한 카테고리는 기준치의 절반 이하에 불과합니다. 즉, 동물성 식품의 섭취량은 크게 줄이면서도 과일, 채소, 견과류, 전립 곡물과 같은 식물성 식품의 섭취량을 늘려야 합니다.

또한, 북미와 사하라 이남 아프리카를 비교해 보면, 지역마다 상황이 크게 다르다는 것을 확인할 수 있습니다. 북미에서는 적색육, 감자류, 달걀, 닭고기, 유제품의 섭취량이 기준치를 크게 초과하고 있으며, 특히 적색육의 경우 기준치의 6배 이상을 섭취하고 있습니다. 반면, 채소와 과일의 섭취량은 기준치의 절반 이하로, 이 지역에서는 가장 개선이 필요한 부분입니다.

사하라 이남 아프리카에서는 적색육과 감자류를 제외한 모든 식품 카테고리의 섭취량이 크게 부족합니다. 실제로 적색육 또한 약간 부족한 상황이므로 거의 모든 식품 카테고리에서 섭취량을 늘릴 필요가 있으며, 이는 북미와는 다르게 다양한 의미에서 큰 개선이 필요합니다. 이처럼 지역마다 개선해야 할 사안과 정도는 매우 다양합니다.

한편, '그렇다면, 이트-랜싯 기준을 충족하는 식생활에는 얼마나 많은 비용이 드는가?'라는 의문도 당연히 있을 것입니다. 북미나 일본과 같은 선진국은 상대적으로 여유가 있겠지만, 사하라 이남 아프리카와 같은 개발도상국에서는 기준을 충족하는 식생활을 실천할 정도의 경제적인 여유가 있을지 미지수이기 때문입니다.

이러한 의문에 답하기 위해, 159개국의 744종류 식품의 소매 가격(2011년 기준)을 조사하여, 각 나라별로 이트-랜싯 기준을 실천하는 데 필요한 최저 비용을 추산한 연구가 존재합니다. 더욱이, 최저 비용조차 부담스러워 이트-랜싯 기준을 실천할 수 없는 수입이 부족한 사람의 비율도 함께 추산하였습니다. 표 12-2에서는 이러한 추산 결과를 지역별 및 소득 수준별로 정리하였습니다.

이러한 최저 비용의 중앙값(큰 순서대로 정렬했을 때 가운데 위치하는 값)은 전 세계적으로는 2.89달러입니다. 가장 낮은 저소득 국가의 중앙값은 2.43달러이며, 가장 높은 고·중소득 국가의 중앙값은 3.20달러로, 이는 일인당 하루 190엔에서 260엔 사이입니다.

일본인의 시각에서 본다면 상당히 저렴하다고 느껴질 것입니다. 그러나 수입이 부족한 사람의 비율을 살펴보면, 고소득 국가에서는 예상대로 0.8%로 낮지만, 고·중소득 국가에서는 약 열 명 중 한 명, 저소득 국가에서는 약 세 명 중 두 명이 경제적인 이유로 이트-랜싯 기준을 충족하지 못합니다.

지역별 (달러)	중앙값	수입이 부족한 사람의 비율	소득 수준별 (달러)	중앙값	수입이 부족한 사람의 비율
전 세계	$2.89	23.8%	고소득 국가	$2.77	0.8%
동아시아·태평양	$3.27	15.0%	고·중소득 국가	$3.20	10.8%
유럽·중앙아시아	$2.86	1.7%	저·중소득 국가	$3.05	37.1%
중남미	$3.48	11.6%	저소득 국가	$2.43	62.2%
중동·북아프리카	$2.83	19.4%			
북아프리카	$2.65	1.2%			
남아시아	$2.80	38.4%			
사하라 이남 아프리카	$2.50	57.2%			

표 12-2 이트-랜싯 기준을 실천하기 위해 필요한 일인당 하루 최저 비용과 수입이 부족한 사람의 비율(2011년 당시 1달러는 약 80엔)

지역별로 보면, 최저 비용의 중앙값이 가장 높은 곳은 중남미로 3.48달러이며, 가장 낮은 곳은 사하라 이남 아프리카로 2.50달러입니다. 한편, 수입이 부족한 사람의 비율은 사하라 이남 아프리카에서 가장 높은 57.2%를 기록하며, 남아시아에서도 38.4%에 달합니다. 전 세계적인 시각에서도 약 네 명 중 한 명은 경제적인 한계로 인해 이트-랜싯 기준을 실천할 수 없게 됩니다.

이른바 '건강하게 지속 가능한 식생활'을 추진하기 위해서는 빈곤층의 소득 증가, 식품 가격 감소 그리고 식량 원조 등을 통한 국제 협력이 중요합니다. 특히, 과일과 채소에 대한 지출이 이트-랜싯 기준을 실천하기 위한 비용의 약 31.2%를 차지하고 있어, 최저 비용을 더 낮추기 위해서는 이들을 더욱 합리적인 가격에 제공하는 것이 중요합니다.

균형 잡힌 대책의 중요성

'건강하게 지속 가능한 식생활'을 널리 보급하기 위해서는 건강이나 환경 문제뿐만 아니라, 소득과 같은 경제적인 문제도 연관되어 있습니다. 그리고 특히 중요하면서도 어려운 과제는 다음 두 가지입니다.

① 식량 생산으로 인한 환경 부담을 줄이면서도 늘어나는 세계 인구를 먹여 살리고, 나아가 과일과 채소를 보다 저렴하게 제공할 수 있는 식량 생산을 실현하는 것

② 가능한 한 많은 사람들이 '건강하게 지속 가능한 식생활'을 실천할 수 있도록 하는 것

이러한 과제에 대해서는 3부에서 언급한 것처럼 다양한 대책을 동시에 진행해야 합니다. 또한, '건강하게 지속 가능한 식생활'의 실현 가능성은 여러 대책 중에서도 가장 달성도가 낮은 것에 의해 결정될 가능성이 높습니다. 한마디로, 어느 것 하나라도 달성도가 낮다면 전체 실현도도 낮아지므로 균형 잡힌 접근이 중요해지는 것입니다.

이러한 생각은 리비히 최소량의 법칙[1]이라고 부르며, 그림 12-2처럼 도베네크의 최소양분통[2]의 개념을 활용하여 나타낼 수 있습니다. 그림 12-2에서 통을 두르는 판은 각각 '먹다'를 둘러싼 다양한 과제를 나타내고, 판의 높이는 그 과제의 해결 달성도를 표현하고

...

1 역자 주: 모든 동물과 식물이 자라는데 필요한 영상소 중에서 가장 작은 영양소가 발육을 결정짓는다는 이론이다.

2 역자 주: 작물 생육에는 여러 요인이 영향을 미치지만 가장 부족한 요인에 생육이 좌우된다는 이론이다. 예컨대, 양분, 물, 빛, 온도 중에서 가장 적게 공급되는 것이 성장을 제한한다. 도베네크는 양분통을 싸고 있는 측판으로 이를 설명했다.

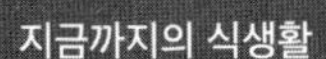

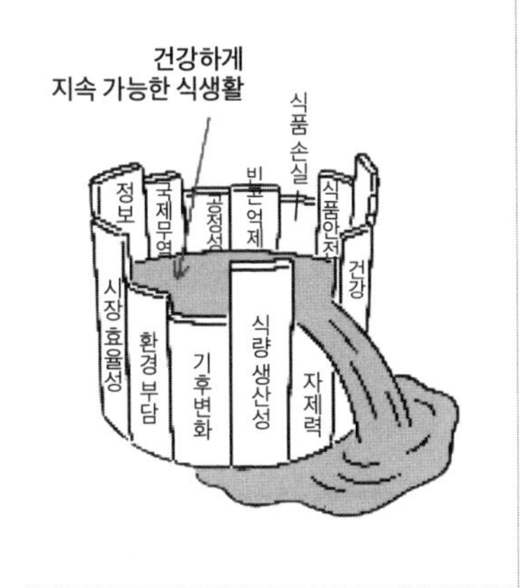

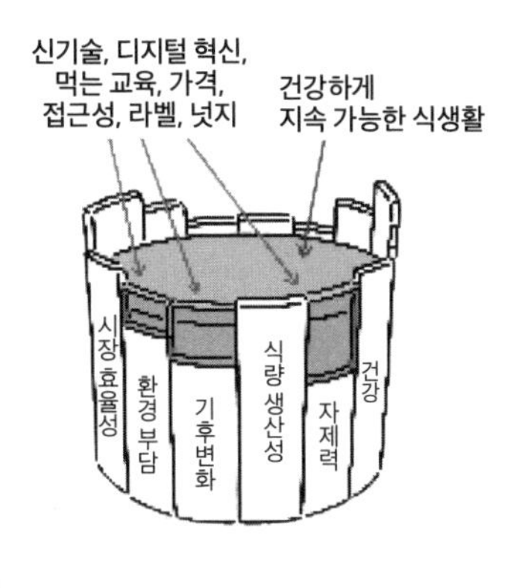

그림 12-2 '먹다'를 둘러싼 과제와 '건강하게 지속 가능한 식생활'과의 관계

있습니다. 그리고 통에 차 있는 수면의 높이가 '건강하게 지속 가능한 식생활'의 실현도를 나타냅니다. 따라서 통에 담긴 수면의 높이는 가장 낮은 판에 의해서 결정되는 것처럼, '건강하게 지속 가능한 식생활'의 실현도는 가장 달성도가 낮은 과제에 의해 결정되는 것입니다.

예를 들어, 그림 12-2의 왼쪽 그림처럼 식량 생산성이 아무리 높더라도 사람들의 자제력이 부족하여 건강한 식생활을 선택하지 않게 된다면, '건강하게 지속 가능한 식생활'의 실현도는 낮은 채로 유지됩니다. 이것이 현재 '먹다'의 현실입니다.

따라서, 앞으로는 그림 12-2의 오른쪽 그림처럼 '먹다'를 둘러싼 과제 중에서도 특히 달성도가 낮은 것(통의 판 중에서 특히 낮은 것)을 신기술, 디지털 혁신, 가격 정책, 식육, 넛지 등을 활용하여 개선해, '건강하게 지속 가능한 식생활'을 더 높은 수준으로 실현하는 것이 중요합니다.

이에 사회적 자원의 배분 비중을 식량 생산성이라는 이미 달성도가 높은 과제에서 기후변화 대책이나 환경오염 대책과 같은 비교적 달성도가 낮은 과제로 옮겨, 더 높은 수준으로 균형 잡힌 '건강하게 지속 가능한 식생활'의 실현도를 끌어올릴 수 있습니다.

미래의 식생활을 상상하며

마지막으로, 두 번째 과제인 가능한 한 많은 사람들이 '건강하게 지속 가능한 식생활'을 실천하게 하는 구조에 대해 조금 더 살펴보겠습니다.

지금까지의 연구를 통해, 대부분의 사람들은 '현재 시점에서 생각하는 경우'와 '미래 시점에서 생각하는 경우'에 도출되는 결론이 다르다는 것을 알고 있습니다. 이는 8장에서 다룬 '시간의 비정합성'에 대한 설명과 유사하지만, '시간의 비정합성'은 인지 편향의 한 형태이며, 심사숙고하여 인지 편향에 빠지지 않더라도 결론은 다를 수 있다는 것입니다.

또한, 미래에 대한 시각은 크게 두 가지로 나뉩니다. 하나는 '자신 또는 현재 세대의 미래'를 의미하는 중장기적인 시각이며, 건강 개선이나 '시간의 비정합성'과 관련된 것은 주로 이 부분과 연관됩니다. 또 다른 하나는 '다음 세대의 미래'를 말하는 몇 세대 앞의 초장기적인 시각으로, 기후변화나 환경 문제에 대한 대책 등이 이에 관련됩니다. 이 두 가지 시각의 결정적 차이는, 이미 이 세상에 존재하는 사람들의 시각인지, 아직 이 세상에 태어나지 않은 사람들의 시각인지에 달려 있습니다.

첫 번째로, '자신의 미래'를 상상하는 것의 효과를 검증한 사례로는, 미래의 체형을 구체적으로 상상하게 함으로써 과자 선택에 어떤 영향을 미치는지를 검증한 실험이 있습니다.

이 실험에서는 피실험자에게 '살이 찐 경우'와 '살이 빠진 경우'의 두 가지 상이한 체형의 사진을 합성하여 미래의 모습을 가상으로 보여 준 후, 과자 선택에 어떤 영향을 주는지 검증하였습니다. 피실험자들은 건강한 체중, 경도 비만, 중도 비만의 세 그룹으로 구분되었고, 각 그룹 내에서 사진을 볼 사람을 무작위로 선택하여, 사진을 보지 않은 사람과 비교하며 선택하는 과자의 종류가 어떻게 달라지는지를 관찰하였습니다.

그 결과, 중도 비만 그룹에서는 사진을 본 사람들이 사진을 보지 않은 사람들보다 건강한 과자를 선택할 확률이 약 32% 높아졌습니다. 반면, 다른 그룹에서는 이러한 효과를 거의 확인할 수 없었습니다. 또한, 효과의 크기는 건강에 관한 정보를 제공했을 때와 크게 차이 나지 않았으며, 기존의 대책보다 더 효과적이라고 볼 수는 없을 것입니다.

두 번째로 '다음 세대의 미래'를 상상하는 것의 효과를 검증한 예로는 '퓨처 디자인'이라는 일련의 움직임이 있습니다. 퓨처 디자인은 '현재 세대가 다음 세대를 위해 기꺼이 인내심을 발휘하는 사회 구조를 디자인하는 움직임'을 말합니다(퓨처 디자인 연구소 참조). 이 방법은 현재 세대의 사람들을 '현재 세대'와 '가상의 다음 세대'로 나누어 대화하게 하여, 다음 세대를 위한 새로운 시각이나 아이디어를 도출하는 토론 스타일을 제안합니다. 이러한 대화를 통해 현재 세대의 사람들이 '가상의 다음 세대'의 역할을 하게 되어, 다음 세대의 이익을 고려한 행동을 하는 것에 대한 기대가 커집니다.

이와테현 야하바초(矢巾町)의 상하수도 사업이나 나가노현 마쓰모토시(松本市)의 시청 신청사 건설에서는 지자체와 주민 간의 합의 형성을 위해 실천적인 퓨처 디자인이 도입되었습니다. 예를 들어, 야하바초 사례에서는 무작위로 선발된 주민들을 '현재 세대'와 '2060년의 다음 세대' 두 그룹으로 나누어 상하수도 사업 등 마을 정책의 미래에 대해 토론하였습니다. 그 결과, 당시 흑자였던 상하수도 사업에 대해 현재 세대 그룹은 '상하수도 요금을 내리고, 흑자

만큼을 주민에게 환원해야 한다'라고 주장하였으나, 다음 세대 그룹은 '상하수도 설계 변경을 위한 자금을 모으기 위해 상하수도 요금을 올려야 한다'라고 주장하였습니다. 이 토론의 결과, 야하바초는 실제로 상하수도 요금을 인상하였습니다.

물론, 현재 세대의 우리가 아직 태어나지 않은 다음 세대의 입장을 대변하는 것이 정말 가능한지에 대한 의문은 여전히 남아 있습니다. 하지만, 완벽하진 않더라도 어느 정도는 가능하다고 가정하고, 현재 세대의 사람들의 의식을 '가상의 다음 세대'의 시각으로 연결시키는 다양한 방법들이 고안 및 실행되고 있습니다.

가상의 다음 세대의 시각을 갖기 위해서는, 과거로 거슬러 올라가 현재를 바라보는 프로세스가 유효하다는 것이 확인되었습니다. 예를 들면, 50년 전부터 현재까지 세상이 얼마나 변화했는지를 구체적으로 파악함으로써, 미래에 어떻게 변화할지를 보다 상세하게 그려 볼 수 있게 됩니다.

이와 같은 다양한 시도들이 진행되고 있지만, 현재로서는 이틀간의 워크숍을 두 번 개최해야 하는 등, 상당한 시간과 노력이 필요하며, 그 효과 역시 퍼실리테이터의 기량에 크게 의존한다는 점이 보급에 장애가 되고 있습니다. 따라서, 보다 짧은 시간 안에 그리고 퍼실리테이터의 기량에 지나치게 의존하지 않는 새로운 방법을 개발해야 합니다.

퓨처 디자인을 보다 간편하게 실천할 수 있다면, 지금까지와는 다르게 다양한 문제에도 쉽게 적용할 수 있게 되며, '건강하게 지속 가능한 식생활'을 추구하기 위한 정책 개발에도 활용할 가능성이 충분히 있습니다.

그럼, 이제 마무리로 들어가 보겠습니다. 마지막으로, 다시 한번 4부 첫머리에서 나온 질문을 상기해 주시기 바랍니다. 여러분은 이 질문을 생각하면서, 어느 정도로 미래를 상상할 수 있었나요? 아마도 대부분의 사람들은 '현재 자신의 식생활'이나 '현재의 일본과 지구의 상황'만을 상상하였을 것입니다.

또한, 이 장에서 소개한 이트-랜싯 기준의 '건강하게 지속 가능한 식생활'은 미래의 시각에서 고안된 기준입니다. 만약 여러분의 생각과 이트-랜싯 기준 사이에 차이가 있다면, 이러한 시각 차이가 원인일 수 있으며, 무엇보다 '다음 세대의 미래'라는 관점에서의 차이는 매우 클 것입니다.

일반적으로 다음 세대의 시각으로 바라보는 것은 매우 어려운 시도입니다.

하지만, 주제가 '먹다'에 관한 것이라면, 50년이나 100년 후 미래의 사람들이 바라는 '먹다'를 상상하는 것은 그리 어려운 일이 아닐 것입니다. '먹다'는 인간에게 매우 기본적이고 당연한 활동이기에, 우리가 바라는 '먹다'는 50년이나 100년 후에도 크게 변하지 않을 것이라고 생각합니다. 지금 우리가 정말로 맛있다고 느끼는 음식은 미래의 사람들도 맛있다고 느낄 것입니다.

그러나, 사람의 욕구는 변하지 않을지라도 '먹다'를 둘러싼 환경은 급격하게 변화하고 있으며, 대체로 그 변화는 좋지 않은 방향으로 진행되고 있습니다. 현재의 추세가 계속된다면, 당분간은 저렴하고 맛있는 식품을 충분히 즐길 수 있겠지만, 50년 후나 100년 후에는 이러한 식품이 일반 사람들이 살 수 없을 정도로 값비싸져서 먹지 못할 가능성이 충분히 있습니다. 예컨대, 일반적인 소고기가 100g에 5만 원에 팔리는 미래가 오지 않을 것이라고는 단언할 수 없습니다. 따라서, 미래의 사람들이 '맛있는 것을 먹지 못하게 되는' 불이익은 현재의 우리도 체감하고 이해해야 합니다.

앞으로의 '먹다'에 대해 미래의 시각으로 생각하면서, 우리들이 가장 실감하기 어렵고 부족하다 느끼는 것은 현재 우리들이 '먹다'가 미래의 '먹다'을 비롯하여 지구 환경과도 밀접하게 연결되어 있다는 인식입니다.

그리고, 이러한 인식을 높이는 것이 바로 이 책의 목적 중 하나입니다. 어떠신가요? 1장부터 여기까지의 내용을 통해 「사회에 가장 바람직한 '먹다'」에 대한 다양한 고민을 하며, 실질적인 인식을 조금이나마 향상시킬 수 있었을 것이라 생각합니다. 조금이라도 이해할 수 있었다면, 앞으로는 미래의 세대를 상상하며 평소의 식생활을 변화시켜 보시기를 바랍니다.

그렇게 함으로써 여러분이 상상했던 것보다 훨씬 더 시간과 선택지가 적다는 것과, 이트-랜싯 기준과 같은 식생활이 널리 지지되기 시작한 이유를 좀 더 실질적으로 이해할 수 있을 거라고 기대합니다.

《먹는 경제학》은 여기서 마무리되지만 여러분의 '먹다'는 앞으로도 매일 계속될 것입니다. 일상에서 이 책에서 얻은 「'먹다'를 바라보는 눈」을 어떻게 활용할지는 여러분에게 달렸습니다. 일상의 작은 변화도 조금씩 쌓아 나가면 큰 효과로 이어질 수 있다는 것을 잊지 말아 주시기 바랍니다. 또한, 이 책을 통해 여러분이 식량 경제학에 대해 조금이나마 흥미를 가지게 되었다면 기쁠 것입니다. 이 책을 마치며, 여러분의 새로운 인식과 행동 변화를 기대하며 마무리하겠습니다.

우리는 다음 세대를 위해 어떻게 행동해야 하는가?

학부생 시절, 새로운 지식에 대한 호기심이 왕성했던 저는 전공이었던 일어일문학과의 수업 이외에도 다양한 학과의 교양, 전공수업을 들으러 다녔습니다. 그리고, 우연한 기회에 생명과학대학의 교양수업이었던 '농업과 사회'를 한 학기 동안 수강한 적이 있었습니다. 이제는 강의 내용이 가물가물하지만, 철학으로 시작해서 자연과 환경, 경제, 정치, 사회에 이르기까지 폭넓은 주제를 다루었던 것으로 어렴풋이 기억합니다.

이 수업에서 저는 '지속 가능한 발전(sustainable development)'이라는 개념을 처음 접하게 되었습니다. 당시에는 우루과이 라운

드니 교토 의정서니 하는 용어가 뉴스에서 심심찮게 등장하던 시절이었고, 사회적으로도 식량과 환경에 대한 관심이 높아지던 시기였던지라, 이 개념을 통하여 제 나름의 생각을 정립할 수 있는 계기가 되었습니다.

이 책은 일상에서 빼놓을 수 없는 '(밥을) 먹는 행위'를 경제학이라는 프레임을 통하여 바라보고, 우리가 체감하기 어려운, 그러나 너무나도 중요한 식량과 환경의 문제를 쉽게 풀어내어 '나와 직접적으로 연관된 것'으로 인식시켜 줍니다. 그리고 우리가 다음 세대를 위해서 어떻게 행동해야 하는지에 대해서 이야기하고 있습니다. 책에서는 다양한 사례와 이를 뒷받침하는 데이터를 제공하고 있는 있기 때문에 마치 대학교에서 저자의 수업을 듣는 듯한 느낌을 받았습니다. 그래서 최대한 이러한 느낌을 살리고자 높임말의 뉘앙스를 살려 옮겨 보았습니다.

이 책을 한국어로 출판하는 저와 처음북스의 노력이 독자 여러분들의 식량과 환경에 대한 올바른 생각에 조금이나마 도움이 되기를 바랍니다. 더 이상 식량과 환경에 대한 문제는 '방 안의 코끼리'가 되어서는 안 됩니다.

박찬

참고 문헌 및 출처

《먹는 경제학》의 참고 문헌 및 출처는
QR을 통해 웹페이지에서 확인하실 수 있습니다.